W0359851

La première fois que je me suis consi[illegible] comme une sorcière a été le moment le plus magyque de ma vie.

MARGOT ADLER

Ellen Dugan

Le Tarot des sorcières

Illustré par Mark Evans

Éditions **CONTRE-DIRES**
19, rue Saint-Séverin
75005 Paris

Copyright © 2012 Ellen Dugan
Copyright illustrations © 2012 Mark Evans
Titre original anglais : Witches Tarot
Copyright © 2014, 2020 Éditions AdA Inc. pour la traduction française
Copyright © 2021, Éditions Contre-Dires, une marque du groupe Guy Trédaniel, pour la présente édition.

Cette publication est publiée en accord avec Llewellyn Publications, Woodbury, MN, www.llewellyn.com
Tous droits réservés. Aucune partie de ce livre ne peut être reproduite sous quelque forme que ce soit sans la permission écrite de l'éditeur, sauf dans le cas d'une critique littéraire.

Traduction : Sophie Beaume et Alison Martin
Mise en page de la couverture et de l'intérieur : Matthieu Fortin, Sébastien Michaud

ISBN : 978-2-84933-601-4

Imprimé en Chine

www.editions-tredaniel.com
info@guytredaniel.fr
www.facebook.com/editions.tredaniel
@editions_contres_dires

Sommaire

Introduction 1

Mon parcours de cartomancienne 1

Le symbolisme : le langage du tarot 4

Effectuer un tirage du *Tarot des sorcières* pour vous-même 6

Un charme pour les tirages de méditation personnels 7

Effectuer un tirage pour un tiers 7

Les arcanes majeurs 11

Les arcanes mineurs 79

Les Coupes 81

Les Épées 125

Les Bâtons 170

Les Pentacles 214

Tirages de tarot 259

Tirage à une lame 260

Tirage à trois lames 261

Tirage du fer à cheval à sept lames 262

Tirage du significateur 263

Apparence physique associée aux significateurs 264

Figures comme significateurs : personnalités astrologiques et élémentaires 264

Signes astrologiques associés aux significateurs 265

Traits de personnalité élémentaire associés aux significateurs 265

Le tirage de la Triple Déesse 266

Le tirage des quatre éléments 268

Le tirage de la Roue de l'année 270

La magye avec le *Tarot des sorcières* 271

Les figures pour la magye personnelle et la méditation 272

Faire appel aux valets pour trouver l'inspiration et de l'enthousiasme 273

Autres options pour lancer des sortilèges avec les figures 274

Couplet des rois 274

Couplet des dames 274

Couplet des cavaliers 275

Tarot et sorcellerie 275

Indications de base 276

Sortilège de tarot pour améliorer l'étude de la magye ou du tarot 276

Sortilège de tarot pour créer un cercle ou un coven fort, uni 277

Sortilège de tarot pour l'abondance 278

Sortilège de tarot pour la protection 279

Sortilège de tarot pour attirer l'amour 280

Sortilège de tarot pour soigner un cœur brisé 281

Sortilège de tarot pour le foyer 282

Annexe I : Significations des lames numérales et des figures des arcanes mineurs 285

Annexe II : Symboles sur les lames de tarot 287

Bibliographie 299

Remerciements 301

À propos de l'auteure et de l'artiste 303

Introduction

Mon parcours de cartomancienne

Le chemin de la vie est plein de tournants et de virages,
et les directions ne se ressemblent jamais. Pourtant, nous tirons
nos leçons du parcours, et non de la destination.

DON WILLIAMS JR.

Je tire les cartes de tarot depuis plus de 24 ans. Mon intérêt pour le tarot est né de manière un peu particulière, certains diraient même peu orthodoxe. Alors, une vieille gitane m'a-t-elle tendu un tarot abîmé et jauni par le temps un soir de pleine lune ? Étais-je fascinée par la tradition et le mystique des cartes ? Étais-je envoûtée par leurs images et leurs mystères ? Non. La fascination et l'envoûtement sont apparus bien plus tard.

J'ai commencé à utiliser les cartes du tarot parce que c'était une façon de détendre les gens lors de mes séances de voyance. Lorsque je me suis mise à faire le tour des salons de voyance, j'étais une jeune mère de trois enfants dans la vingtaine. Je ne m'encombrais d'aucun accessoire ; j'allumais juste mon magnétophone et je me concentrais sur le client (généralement appelé « consultant »). Je demandais ensuite à lui tenir la main et je me laissais aller.

Naturellement, la plupart des gens n'appréciaient pas de me voir assise là, jeune impudente de 24 ans, leur tenant la main et m'immisçant directement dans leur tête… Ma manière de procéder les prenait au dépourvu et, en toute honnêteté, les effrayait. Faire peur aux gens était loin d'être mon intention. En gardant cette pensée à l'esprit, j'ai observé d'autres liseuses et j'ai constaté que les accessoires — les cartes de tarot tape-à-l'œil, les bougies et la boule de cristal de circonstance (bien que démodée) — détendaient les clients. Sans parler des liseuses qui portaient des turbans (je suis sérieuse).

En outre, nous étions au début des années 1990 ; à l'époque, dans les salons de voyance de Saint-Louis, dans le Missouri, ceux qui n'utilisaient pas les cartes étaient mal perçus. Dès lors, ayant le sens des réalités, je suis sortie, j'ai déniché un joli tarot et je l'ai mémorisé. Comme avec des cartes éclair, j'ai d'abord entrepris de retenir trois mots-clés de base pour chaque lame, ce qui m'a rendue opérationnelle. Mon époux avait l'habitude de s'asseoir et de me montrer une carte au hasard pendant que je nourrissais nos bébés installés dans leurs chaises hautes, pour me permettre de m'entraîner à tirer les cartes. Et pendant que mes jeunes enfants se déchaînaient dans la maison, j'ai mémorisé le tarot entre la lessive, la vaisselle, les couches et mes obligations familiales. Une fois que j'ai eu une idée de base de l'ensemble des 78 lames, je me suis réellement mise à les étudier. En règle générale, j'étudiais durant la sieste des enfants ou en soirée, lorsqu'ils étaient déjà couchés.

J'ai trouvé quelques livres de base sur le tarot qui m'ont aidée à mieux comprendre les lames et leurs significations traditionnelles. Je me suis exercée à tirer les cartes à des amis, puis aux amis de mes amis. Il m'est ensuite arrivé quelque chose de merveilleux : j'ai compris que chaque lame avait une histoire à raconter. Avant même d'être une auteure publiée, j'avais toujours envie d'une bonne histoire. J'ai donc commencé à associer les lames à certaines histoires ou personnes que je connaissais. Puis j'ai remarqué que certaines lames tombant à une position précise dans le tirage signifiaient toujours la même chose, peu importe l'identité du consultant. Pleine d'inspiration, j'ai commencé à utiliser les lames comme un tremplin et à les laisser m'ouvrir la voie vers une interprétation de voyance plus précise et plus détaillée.

Le symbolisme et la magye[1] des cartes ont commencé à complètement m'ensorceler. J'ai trouvé fascinant, en tant que sorcière, de découvrir que les enseignes du tarot n'étaient pas uniquement basées sur les quatre éléments, mais qu'elles partageaient également leurs qualités et interprétations de base. Plus j'analysais les cartes, plus je découvrais de symbolisme magyque. J'ai alors essayé différents types de tarots ; mon affection et mon histoire d'amour pour le tarot s'en sont retrouvées plus que jamais renforcées.

Ces 20 dernières années, j'ai eu un tarot préféré, et quelques autres moins courants, mais je n'en ai jamais eu un qui me sembla assez magyque. J'avais quelques tarots sur le thème des sorcières, mais ils ne m'ont jamais véritablement convenu. Honnêtement, ils me paraissaient un peu de mauvais goût, ou étaient simplement trop bizarres. En outre, j'ai rapidement compris que les gens réagiraient négativement devant ces tarots démodés sur le thème des sorcières si j'essayais de les utiliser pour des tirages publics, car ils m'ont toujours donné envie de rire bêtement.

1. N.d.T. : Le terme « magye » marque la différence avec la magie des illusionnistes et des magiciens ; il s'agit ici du fait d'utiliser les énergies naturelles pour provoquer un changement.

Je me suis demandé si, un jour, on verrait un tarot puissant, élégant, avec de belles images classiques auxquelles les sorcières pourraient s'identifier. Lorsque l'occasion de concevoir et de rédiger un tout nouveau tarot pour les sorcières s'est présentée, eh bien, j'y ai réfléchi pendant à peu près une journée… puis je me suis mise au travail. Ce *Tarot des sorcières* est resté à l'état de désir pendant quelques décennies et sa concrétisation a pris plus de deux ans et demi. Toutefois, je pense que vous jugerez que l'attente en valait le coup.

Le symbolisme : le langage du tarot

Le symbolisme n'est pas une pure fantaisie sans fondement…
Il est inhérent à l'essence même de la vie humaine.

ALFRED NORTH WHITEHEAD

Ce tarot est fondé sur le classique Rider-Waite-Smith. Si l'imagerie traditionnelle du tarot vous est familière, vous retiendrez rapidement les définitions de base. Je vous encourage toutefois fortement à prendre le temps de lire les descriptions de chaque lame afin de comprendre les significations magyques plus profondes sous-jacentes. Utilisez ce livre pour interpréter les significations des lames pour vous-même jusqu'à ce que vous connaissiez bien leurs significations magyques spécifiques.

Chaque image représentée dans la scène d'une lame de tarot est là pour une raison précise. Le symbolisme est le langage du tarot et le *Tarot des sorcières* en utilise de nombreux types différents. J'ai toujours pensé que chaque lame racontait sa propre histoire merveilleuse. Je vous encourage à observer attentivement chaque lame de ce tarot et à voir quelle histoire elle vous raconte. À mesure que vous étudiez l'art de chaque lame, lisez en même temps le guide pour découvrir ce que chaque fleur, paysage, couleur de vêtement, bijou, arbre, fruit, animal ou être élémentaire représente.

Vous verrez également que chaque description de lame contient des mots-clés pour des significations aussi bien à l'endroit qu'à l'envers. Ils vous aideront à apprendre la signification de base de chaque lame avec un peu plus de facilité. Les correspondances aux divinités ainsi que les associations astrologiques et élémentaires sont également mentionnées, le cas échéant. Ce livre comporte également un chapitre sur la magye qui présente 11 nouveaux sortilèges de tarot. Aussi, assurez-vous de consulter les deux annexes utiles à la fin du livre !

La première annexe traite de la signification des nombres et des figures des arcanes mineurs ; la deuxième explique en détail les symboles couramment employés dans les lames, présentés en ordre alphabétique. Du château à flanc de coteau aux trônes occupés par les personnages, en passant par les blasons sur les costumes des personnages, j'ai tout prévu. Désormais, tous ces symboles et leurs significations sont à portée de vos mains de sorcière. Toutes ces merveilleuses ressources vous aideront, liseuse de tarot ou sorcière, à assimiler et apprendre les significations plus profondes et le symbolisme enchanteur du *Tarot des sorcières*.

Veuillez aussi noter le dessin au dos des cartes, composé d'étoiles fantastiques dans la galaxie et de la ravissante triple lune (qui symbolise, bien sûr, la Triple Déesse). Quel meilleur symbole pourrait figurer au dos des cartes d'un tarot de sorcières ?

Accueillez la magye de ces cartes, préparez-vous à perfectionner vos talents et profitez du voyage.

Effectuer un tirage du *Tarot des sorcières* pour vous-même

La lecture est à l'esprit ce que l'exercice est au corps.

Richard Steele

Donc, vous vous demandez sûrement par où commencer. Honnêtement, c'est vraiment très simple. Je vous propose d'étudier toutes les images du tarot et de lire le symbolisme et les significations pour vous familiariser un peu avec ces cartes. Une fois que vous avez terminé cela, vous êtes prête à commencer. Personnellement, j'aime me concentrer sur moi-même et m'installer dans un endroit calme pour pouvoir adopter une disposition d'esprit détendue. Parfois, j'allume quelques bougies ou brûle de l'encens pour m'aider à me plonger dans l'état méditatif approprié. Je m'assure que la maison est calme et que je ne serai pas interrompue. C'est mon temps à moi.

Tirer le tarot pour soi-même est une forme de méditation. Je sais que ça me relaxe toujours et que j'apprends constamment quelque chose de nouveau. Je vous encourage à essayer. De manière générale, vos tirages personnels seront beaucoup plus clairs et plus agréables si vous vous accordez du temps pour méditer.

Maintenant que vous êtes concentrée, focalisée et sereine, formulez votre question. Un bon conseil : plus la question est simple, plus la réponse apparaît clairement. Mélangez les cartes en gardant cette question bien à l'esprit. Choisissez le type de tirage, distribuez les cartes, puis lancez-vous et lisez-les.

Voici un charme pour vous aider à vous concentrer. Il vous aidera à adopter un état d'esprit magyque pour vos tirages personnels avec le *Tarot des sorcières*.

Un charme pour les tirages de méditation personnels

Créée par une sorcière pour servir d'outil,
De la lame du Monde à celle du Fou, la sagesse est présente.
Que les 78 leçons et messages à recevoir
Puissent m'apporter des éclaircissements ; qu'il en soit ainsi.

Prenez votre temps pour lire et interpréter les lames. Amusez-vous et vous aurez peut-être une illumination. Soyez bénie.

Effectuer un tirage pour un tiers

Chaque joueur doit accepter les cartes que la vie lui distribue, mais une fois qu'il les a en main, lui seul peut décider comment jouer ses cartes pour gagner la partie.

Voltaire

Maintenant, dans le cas d'un tirage pour quelqu'un d'autre, il y a certaines règles que vous devriez prendre en considération. Étant donné que je suis une sorcière au sens pratique et que je suis habituée à tirer le tarot au grand public, voici quelques considérations réalistes et pleines de bon sens lorsqu'il s'agit d'interpréter les lames du *Tarot des sorcières* pour un tiers.

Demandez à la consultante si c'est son premier tirage. Si oui, profitez-en pour lui expliquer ce que symbolisent vraiment certaines des images les plus intenses du tarot. De cette manière, vous éviterez de l'effrayer ou de la contrarier. Par exemple, le Dix d'Épée symbolise le fait d'être victime d'une trahison ou d'un coup bas ; la lame de la Mort est synonyme de changement (et survient généralement lors de tirages pour des femmes enceintes et des personnes qui sont sur le point de se marier ou de partir pour l'université, etc. Après tout, leur vie est sur le point de changer pour toujours et de manière radicale) ; et la lame du Côté obscur signifie affronter ses peurs. Rassurez donc la cliente avant de commencer son tout premier tirage. Vous profiterez ainsi toutes deux de l'expérience.

Demandez à la consultante quelle question précise elle se pose au début du tirage. Demandez-lui ensuite de la garder bien à l'esprit pendant qu'elle mélange les cartes. (Oui, votre tarot peut aussi être manipulé par quelqu'un d'autre.) C'est mieux que la consultante mélange et coupe le paquet elle-même avant le tirage — ainsi, son énergie et ses actions influenceront les lames et la façon dont elles tombent. Certaines personnes maintiennent qu'il ne faut jamais laisser quelqu'un d'autre toucher à vos cartes, mais je préfère laisser la cliente mélanger ou couper les cartes. Voici une solution facile à ce dilemme si vous effectuez des tirages pour le public : optez pour un tarot dédié uniquement aux tirages publics et un autre réservé à votre usage personnel.

Vous n'êtes pas obligée de lire les cartes inversées — à moins que vous le désiriez. Je le fais rarement. La vie est déjà assez pleine d'embûches comme ça. Du reste, les gens sont parfois contrariés lorsqu'ils voient des cartes inversées. Peu importe que vous décidiez de le faire ou non, la décision vous revient.

Ne prédisez jamais la mort. Pourquoi ? Eh bien, il y a des chances que vous ayez tort. Pire encore : et si vous aviez tort et que quelqu'un décidait de prendre votre prédiction au mot ? Pendant toutes ces années où j'ai tiré le tarot, le nombre de fois où les cartes ont vraiment prédit une mort physique imminente se compte sur les doigts de la main ; chaque fois, le tirage s'effectuait en présence de quelqu'un qui se renseignait sur un proche atteint d'une quelconque maladie et vivant ses derniers jours.

Connaissez votre tarot. Devoir s'arrêter pour regarder les réponses dans le guide au cours d'un tirage public casse l'ambiance et vous fait paraître non professionnelle. Dès lors, si vous effectuez des tirages pour le public, connaissez le tarot sur le bout des doigts. Assurez-vous de prendre le temps d'apprendre les significations et de vous exercer avant de tirer pour le grand public. Néanmoins, si vous effectuez un tirage pour un ami proche et que le fait que vous interprétez les lames directement à partir du guide ne le dérange pas, installez-vous confortablement, détendez-vous et passez un bon moment.

Le rangement de vos cartes de tarot. Enfin, quand vous avez terminé votre tirage, vos cartes du *Tarot des sorcières* ne doivent pas nécessairement être enveloppées ou rangées dans de la soie. L'origine de ce folklore s'explique par l'aptitude de la soie à détourner les vibrations psychiques non désirées — mais ce n'est pas absolument indispensable. Si l'idée vous plaît, alors n'hésitez pas. Je range généralement mes cartes de tarot dans un sac en tissu fermé par un cordon. La raison est pragmatique : le sac les garde propres et ensemble, et il est ainsi plus difficile de perdre une carte — et je dispose de sacs à cordon de couleurs et de tissus variés pour mes différents tarots afin de pouvoir les différencier rapidement.

Souvenez-vous qu'il est correct de rire et de s'amuser lors d'un tirage de tarot. Et il est aussi parfaitement acceptable d'adopter une attitude plus sérieuse et réfléchie. Cette fois encore, votre style personnel et vos choix devraient être respectés. Nous sommes toutes uniques, et cette différence donne de la personnalité et de la profondeur à nos tirages de tarot.

Je pense que cette introduction couvre à peu près les bases. Amusez-vous quand vous apprenez les cartes et lisez ce livre. Il contient de nouveaux modes de tirage de tarot à tester, ainsi que des sortilèges et de la magye. Commençons notre voyage et explorons l'enchantement et le mystère du *Tarot des sorcières*.

Les arcanes majeurs

Seul un imbécile a le droit d'énoncer les vérités
que tout le monde tait.

Neil Gaiman

L'ordre des 22 lames des arcanes majeurs nous raconte l'histoire du parcours du Fou. Sur la première lame numérotée, la lame 0, on voit que le Fou entreprend sa quête, jeune, insouciant, heureux et ouvert aux expériences de sa transition spirituelle. Lorsque le Fou parvient finalement à la dernière lame des arcanes majeurs, le Monde, numérotée XXI, notre voyageur a vieilli, s'est assagi et a accueilli les mystères de sa voie.

Il est fascinant de savoir que le mot arcane signifie en réalité « mystère ». Les scènes des arcanes majeurs nous montrent des images et des archétypes évocateurs. Ces archétypes sont des personnages symboliques tels que la Mère, le Père, le Grand Prêtre et la Grande Prêtresse, ou encore le Héros. Ils reviennent dans diverses mythologies, religions et traditions mystérieuses du monde entier. Ces images archétypiques des arcanes majeurs sont tirées de nombreuses cultures magyques. Elles sont réellement universelles.

Nous pouvons incarner une lame majeure (ou arcane majeur) à n'importe quel moment de notre vie, et il peut arriver que nous ayons l'impression de vivre la scène elle-même. Ces 22 lames font appel à nos émotions et touchent notre corde sensible. L'imagerie et les archétypes des arcanes majeurs nous lient les unes aux autres, dans la mesure où ils trouvent un écho à un niveau spirituel plus profond. Ils nous parlent en utilisant un langage émotionnel commun, un langage universel.

Lorsque des lames des arcanes majeurs sortent dans un tirage de tarot, elles donnent plus de poids et d'importance au tirage. Ces lames illustrent des questions spirituelles cruciales et révèlent notre relation avec l'archétype de la lame. Si deux lames majeures ou plus sont tirées lors d'un tirage, vous savez que le destin joue un rôle dans votre voie spirituelle et votre vie quotidienne. Cette indication peut vous rassurer, car ces arcanes majeurs vous enseignent que, bien que les choses puissent vous sembler vous échapper, une intention divine, magyque est à l'œuvre ici.

Les arcanes majeurs vous offrent une feuille de route pour les mystères de l'Art et pour votre vie spirituelle. Il ne vous reste plus qu'à être prête à ouvrir les yeux, accueillir la sagesse offerte et entamer vos voyages. Bonne route !

0 • Le Fou

Le Fou est au début de son voyage spirituel magyque. Le Fou est jeune, ouvert et assez audacieux pour prendre un risque et accomplir un acte de foi. Il flâne au bord de la falaise qui surplombe une vallée verdoyante, des montagnes dans le dos, inconscient ou indifférent face au danger. Il porte une besace en cuir, montée sur son bâton de marche, qui renferme ses expériences passées. Elles sont gardées en lieu sûr par sa foi, symbolisée par le pentagramme qui maintient la sacoche fermée. Son costume riche en couleurs vives allude à sa bonne humeur et à son naturel enjoué. La plume rouge sur sa casquette symbolise son enthousiasme pour la vie et son amour du voyage. Le visage du Fou est tourné vers le ciel d'un bleu d'azur et savoure la liberté, l'ivresse et l'aventure de son voyage.

Le bouton de rose blanc que tient le Fou symbolise son innocence, sa confiance et les nouveaux départs. Le chien représenté sur cette lame est le compagnon et familier du Fou. Il gambade joyeusement à ses côtés. Le west-highland white terrier (couramment appelé « *westie* ») est connu pour sa loyauté, son énergie et son intelligence — un parfait compagnon pour un voyageur débutant.

Significations

La première lame majeure est un excellent exemple d'une personne qui marche vers son bonheur. Cette lame apparaît souvent dans un tirage quand la consultante s'essaie à quelque chose de nouveau et de totalement différent. Elle peut simplement entamer son voyage spirituel, ou explorer une nouvelle tradition ou une nouvelle voie magyque. Peut-être a-t-elle accepté un nouveau poste ou étudie-t-elle une possibilité commerciale innovatrice. Le Fou nous encourage à franchir le pas, à être plus ouvertes d'esprit et à profiter de la balade. Ne vous laissez pas abattre par les tracas. Le Fou vous persuade en riant d'avoir confiance et de tenter votre chance, et de ne pas trop vous tracasser au sujet de l'avenir — au lieu de cela, profitez tout simplement du voyage et vivez au jour le jour.

Cette lame est axée sur le proverbial acte de foi. Bien sûr, il est possible que vous vous trompiez ou que vous échouiez, mais eh ! vous pouvez toujours vous relever, vous reprendre et retenter votre chance. Parfois, oser essayer est le meilleur moyen d'apprendre. À la fin de la journée, le Fou vous encourage à être ouverte à de nouvelles perspectives et idées. Prenez des risques ; soyez innovatrice. Soyez sûre de vous et faites preuve d'audace ! Il existe un grand et vaste monde magyque dehors... Partez à sa découverte !

Mots-clés : Marcher vers son bonheur. Aventure, nouveaux départs, exploration, un voyage. Nouvelles idées ; tentez votre chance et poursuivez vos rêves. Le début d'une quête spirituelle ; exploration d'une nouvelle voie magyque ou une nouvelle tradition spirituelle. Un acte de foi.

Associations divines : Aucune, car le Fou représente l'humanité.

Association astrologique : Uranus.

Inversée : Irresponsabilité, imprudence, comportement dangereux et insouciant. Une situation précaire. Il est nécessaire d'agir avec prudence et de planifier.

I • Le Magicien

Le Magicien se tient derrière un autel, à l'aube. Il porte un pentacle autour du cou et une robe brodée de symboles magyques. À l'aide de la baguette magyque dans sa main, il dessine une lemniscate, le symbole de l'infini, dans le vide au-dessus de lui, nous rappelant que « ce qui est à l'intérieur est comme ce qui est à l'extérieur ». De son autre main, il montre le sol pour illustrer un autre proverbe magyque classique : « Ce qui est en haut est comme ce qui est en bas ». Sur l'autel reposent les instruments de base d'une sorcière, qui constituent également les symboles des quatre enseignes des arcanes mineurs : la coupe représente l'eau, l'épée, l'air, le bâton d'aubépine, le feu et le pentacle d'or, la terre.

Le Magicien règne sur les quatre éléments naturels. En combinant son pouvoir personnel aux éléments naturels, il fait de la magye par la seule force de sa volonté. Il se tient sous une tonnelle de roses rouges qui représente l'harmonie. Les quatre brins de muguet à l'avant-plan symbolisent la pureté de sa relation avec le divin et sa créativité. Les quatre fées sur la lame représentent chacun des quatre éléments naturels : la fée verte pour la terre, la rouge pour le feu, la bleue pour l'eau et la jaune pour l'air. Les fées voletant autour de l'autel du Magicien nous montrent à quel point son lien et sa relation de travail avec les êtres élémentaires et les impressionnantes forces du monde naturel sont forts.

Significations

Lorsque cette lame apparaît dans un tirage, elle vous invite à puiser dans votre propre magye pour trouver les réponses recherchées. Œuvrez en équilibre avec les éléments et les forces de la nature pour créer votre magye et entraîner un changement positif. La magye est tout autour de vous et est partout dans le monde naturel… Le Magicien vous défie de la chercher. Connectez-vous à cette énergie élémentaire et puisez dans ses pouvoirs. Soyez sûre de vous et regardez aussi bien à l'intérieur de vous-même qu'à l'extérieur.

Cette lame majeure incarne une leçon du principe hermétique de correspondance, qui nous enseigne que « ce qui est en haut est comme ce qui est en bas ; ce qui est à l'intérieur est comme ce qui est à l'extérieur ». Nous existons bien sur tous les plans — sur les plans astral ou spirituel, énergétique et physique. Le Magicien vous pousse à choisir les instruments et les accessoires naturels les plus harmonieux pour exercer votre magye. Utilisez judicieusement les lois de la correspondance et toutes les ressources à votre disposition.

Mots-clés : Ce qui est en haut est comme ce qui est en bas. Habileté, détermination, connexion, assurance. Volonté. Exercer la magye avec les quatre éléments et les esprits élémentaires. Le principe hermétique de correspondance. magye élémentaire et pouvoir personnel.

Associations divines : Hermès, Thot, Mercure, Hermès Trismégiste.

Association astrologique : Mercure.

Inversée : Manque d'assurance, mauvaise communication avec les autres, magye manipulatrice.

II • La Grande Prêtresse

La Grande Prêtresse devant vous est puissante, mystique, sage et fascinante. Elle est sérieuse, douce, juste et compatissante. Il s'agit de l'aspect jeune vierge de la Déesse, et sa sagesse englobe tout. La Grande Prêtresse porte une sublime robe argentée et une cape bleu royal à capuche. Elle siège sur son trône, en contemplation, son compagnon félin calmement assis à ses pieds. Le ciel bleu et la nature occupent l'arrière-plan, et la lune et les étoiles du cosmos sont à ses pieds. Des grenades poussent en abondance autour d'elle et elle se trouve exactement au milieu des deux colonnes lunaires. La Grande Prêtresse est sereine et maîtresse des pouvoirs occultes qu'elle exerce. Elle ne penche ni vers les énergies croissantes ni vers les énergies décroissantes de la lune, dans la mesure où elle n'est attirée ni par la lumière ni par l'obscurité. La Grande Prêtresse est centrée et neutre.

La Grande Prêtresse porte une couronne de Triple Déesse et un collier d'ambre et de jais pour indiquer son rang. L'ambre augmente la force mentale et le jais améliore les capacités psychiques, d'importantes qualités pour la Grande Prêtresse. Dans ses mains, elle tient un rouleau de parchemin pour la connaissance et des brins de sauge en fleur qui représentent la sagesse. Les grenades sont consacrées à la déesse Perséphone et sont synonymes de royauté et d'élégance. Le jeune chat noir, compagnon classique de la sorcière, représente les mystères féminins de l'Art.

Significations

Lorsque cette lame apparaît dans un tirage, elle marque souvent une période d'initiation et d'apprentissage. La Déesse vierge vous défie. Faites preuve de sagesse et écoutez ses paroles avisées. Cette lame vous rappelle de chercher tranquillement et calmement la connaissance occulte et de regarder à l'intérieur. Suivez votre intuition et faites confiance à votre instinct. Ce n'est pas le moment de laisser vos émotions vous dominer ; au contraire, c'est pour vous une possibilité de grandir et une occasion d'apprendre et de comprendre réellement. La Grande Prêtresse vous apprend à être forte, avisée et ferme. Elle vous montre calmement que, pour acquérir la véritable sagesse, vous ne devez pas oublier de toujours exercer votre magye consciencieusement et d'un point de vue neutre.

Mots-clés : L'aspect jeune vierge de la Déesse. Neutralité, initiation, sagesse. Connaissance intérieure, intuition. Énergie et magye lunaires, magye de lune croissante, les mystères féminins de l'Art.

Associations divines : Artémis ou Diane, Perséphone, la Déesse vierge.

Association astrologique : Lune.

Inversée : Déséquilibre. Des sentiments réprimés, un refus d'apprendre et de grandir, potentiel méconnu.

III • L'Impératrice

L'Impératrice est assise sur un trône en or rembourré, en pleine nature. Son trône est orné de motifs de roses à cinq pétales et de blé. La fleur à cinq pétales forme un pentagramme naturel. Les fleurs et les gerbes de blé la relient aux déesses-mères antiques Déméter et Isis. L'Impératrice est enceinte sur cette lame, signe de sa fertilité. Elle est la grande Déesse-Mère et les 12 étoiles qui forment une auréole autour de sa tête représentent les signes du zodiaque. Elle tient un sceptre dans la main, qui dénote son pouvoir sur le monde naturel tout entier. La belle Impératrice porte une somptueuse robe verte, un autre lien aux forces de la vie, la croissance et la nature. Les neuf perles autour du cou de l'Impératrice symbolisent les neuf planètes classiques, et les perles sont un symbole de créativité organique de base.

Un bouclier cordiforme en cuivre, orné d'un symbole de Vénus stylisé, est appuyé contre le trône. Cette lame a pour association astrologique la planète Vénus, et le cuivre est le métal associé à cette planète. Le bouclier de l'Impératrice nous rappelle de protéger et chérir l'amour dans nos vies. La forêt luxuriante, l'herbe verte et la rivière qui tombe en cascade le long de la pente sont des représentations supplémentaires du symbolisme féminin sacré. Le ciel chargé de lourds nuages gris à l'arrière-plan est une promesse de pluie et de vie pour la terre. Les fleurs des champs et le blé qui poussent à l'avant-plan de la scène correspondent à l'abondance de la récolte et représentent la prospérité et les ressources. Enfin, le lapin installé paisiblement aux pieds de l'Impératrice est un autre clin d'œil à l'énergie et aux forces impressionnantes de la fertilité, de la création et de la nature.

Significations

Voici la lame de la maternité, de la fertilité et de la force de la nature. Lorsque cette lame apparaît dans un tirage, la Déesse-Mère vous invite à respecter la force et la puissance de la nature, ainsi que la capacité du corps à se reproduire. Lorsque la lame de l'Impératrice apparaît avec l'As de Bâton ou l'As de Coupe dans un tirage, elle symbolise la grossesse ou de fortes chances de conception en ce moment. Cette lame peut également indiquer une occasion d'enrichir le monde de nouvelles idées novatrices. Protégez et chérissez les relations fondées sur l'amour dans votre vie. Concentrez-vous sur votre famille et votre foyer, et appréciez l'énergie et la joie que vos enfants apportent à votre vie. Donnez le jour à vos nouvelles idées. Accueillez la créativité et votre propre sexualité, et œuvrez avec les forces de la nature en alliant joie et respect.

Mots-clés : L'aspect mère de la Déesse. Donner le jour à de nouvelles idées. Pouvoir féminin, amour, sexualité, maternité. Fertilité, naissance, créativité. Foyer ; protéger l'amour dans votre vie ; magye de la pleine lune. La force de la nature.

Associations divines : Aphrodite ou Vénus, Déméter, Gaïa, Isis, Inanna, mère Nature, la Déesse-Mère, Séléné.

Association astrologique : Vénus.

Inversée : Problèmes familiaux, stérilité, relations parentales ou amoureuses problématiques.

IV • L'Empereur

Le sage Empereur surveille ses enfants tandis qu'ils jouent gaiement à l'arrière-plan. Pour dénoter sa puissance, il tient un sceptre surmonté d'une croix ansée dans la main droite. Dans sa main gauche, il tient un globe. Il porte une cape pourpre pour représenter sa souveraineté. Les montagnes derrière lui symbolisent sa force et sa ténacité. L'Empereur étudie la scène et envisage ses options et ses plans pour l'avenir. C'est un dirigeant avisé, bienveillant et une figure paternelle aimante. Cette lame a pour association astrologique le Bélier, ce qui est représenté par les têtes de bélier sculptées dans les bras du trône et par le symbole de Bélier sur l'armure de l'Empereur.

C'est la caractéristique masculine de la divinité, l'aspect Dieu et le Père divin. Les tulipes pourpres à l'avant-plan symbolisent la royauté, alors que l'oseille en fleur qui pousse à ses pieds représente l'affection parentale. Il est intéressant de noter que l'Empereur n'a aucune arme et utilise plutôt la force de sa sagesse et de son expérience pour gouverner et maintenir la paix.

Significations

Cette lame peut symboliser un chef de famille ou d'un groupe magyque — une personne équilibrée et responsable. À l'image de l'Empereur sur cette lame, vous devriez calmement examiner votre situation et envisager soigneusement vos options. Cette lame peut représenter votre patron au travail (quel que soit son sexe), pas uniquement un époux ou un père. La lame de l'Empereur apparaîtra souvent dans un tirage si vous êtes sélectionnée pour une promotion au travail, sur le point d'accéder à un rang supérieur dans votre coven[2], ou même si vous acceptez un nouveau poste qui offre de meilleures perspectives. Si vous vous retrouvez à la tête de votre famille ou de votre coven et que vous êtes la conciliatrice et la médiatrice, il est possible que cette lame puisse représenter votre rôle au sein du groupe. Elle peut aussi symboliser vos qualités de commandement dans une dynamique familiale ou sur votre lieu de travail.

Mots-clés : Chef de famille ou d'un coven. Figure paternelle, homme dévoué à sa famille, époux ou père aimant. Souveraineté, bon sens. Énergie masculine, protection. Une personne responsable et équilibrée.

Associations divines : Osiris, Zeus, Jupiter, le Père divin.

Association astrologique : Bélier.

Inversée : Manque d'autodiscipline, problèmes d'autorité, infériorité, problèmes avec les parents.

V • Le Grand Prêtre

Le Grand Prêtre est assis sur un banc en pierre, dans le temple. C'est un gentilhomme d'un certain âge et élégant, l'un des Sages. Il porte une somptueuse et majestueuse robe écarlate flottante et exhibe fièrement son pentacle en argent — un symbole de pouvoir magyque et de protection personnelle — sur son torse. La position de sa main droite — deux doigts levés et deux doigts pliés — et le bâton en bois qu'il tient dans la main gauche sont des symboles classiques du tarot. Ils représentent l'équilibre entre les mondes matériel et spirituel. Les trois branches du bâton correspondent au monde d'en haut, au monde du milieu et au monde d'en bas.

À l'arrière-plan, on voit des montagnes et un cadre naturel luxuriant. À l'avant-plan, une longue ombre est projetée. Deux grandes clés passe-partout sont en suspension dans l'air devant le Grand Prêtre. Ces deux clés passe-partout mises en évidence correspondent au Divin féminin et au Divin masculin, représentés respectivement par la lune avec sa clé lunaire en argent et le soleil avec sa clé solaire en or. L'un des nombreux noms donnés à cette lame est le Pape. Le Grand Prêtre constitue une figure d'autorité, un conseiller et le gardien des traditions et du savoir magyques.

Significations

Si cette lame apparaît dans un tirage, des questions nécessitent des réponses et il faut demander conseil. Cette lame dénote typiquement un besoin d'avis juridique ou de conseils. Elle peut également désigner un programme d'études ou la poursuite de vos études, ou encore le besoin de régler des conflits au sein d'un coven. Mais souvenez-vous que le Grand Prêtre est le conseiller sage et patient, un doyen et un professeur. Il ne vous donne pas les réponses à toutes vos questions ; il vous aide plutôt à comprendre où chercher pour découvrir vos propres vérités. Il vous donne les clés pour résoudre les mystères et approfondir vos connaissances, puis espère que vous trouverez les réponses par vous-même, en mettant à profit les leçons qu'il vous a enseignées avec tant de soin.

Mots-clés : Devoir régler de possibles questions juridiques. Conseils, résolution de conflits au sein d'un coven, perpétuer la tradition, préserver la sagesse magyque. Comprendre les mystères de l'Art, poursuivre vos études, découvrir vos propres vérités.

Associations divines : Horus, Jupiter, Mithra, le Sage.

Association astrologique : Taureau.

Inversée : Recevoir des conseils douteux ou inappropriés, prendre une décision hâtive ou une mauvaise décision, compter sur les autres pour prendre les décisions à votre place.

VI • Les Amoureux

Un couple de jeunes amants partagent un moment intime dans un magnifique jardin de printemps rempli d'arbres en pleine floraison, de fleurs et d'un ruisseau. Au-dessus et derrière le couple, sortant des nuages, un ange surveille le couple. Le soleil illumine l'ange ailé, et l'ange tend la main et bénit le lien qui unit le couple dans une pluie de splendide lumière rayonnante. Représentant l'harmonie et les messages, l'ange nous rappelle avec douceur que l'amour éclaire et guérit.

Le couple est sur le point de s'embrasser. L'amour flotte dans l'air. Lorsque le couple s'embrassera, leur baiser constituera le début de leur engagement émotionnel, et leurs destinées seront à jamais liées. Ils sont sur le point de découvrir s'ils ont effectué le bon choix.

La lame des Amoureux est une lame de choix effectués et de sentiments amoureux. C'est une merveilleuse illustration de l'équilibre des contraires et de la force d'attirance. En règle générale, l'homme représente la raison et la femme symbolise les émotions. La femme porte une robe rose bonbon, la couleur de l'amour et des émotions tendres et heureuses. Elle a six roses roses dans sa chevelure rousse ; les six roses sont une allusion au numéro de cette lame, qui symbolise un équilibre des contraires. Les roses roses, en particulier, représentent un amour romantique. Au pied du couple se trouvent des jonquilles et des jacinthes en fleurs. Ces fleurs magyques ajoutent l'enchantement de la galanterie et de l'amour nouveau à la signification de cette lame.

Significations

La lame des Amoureux est une lame de relations et de choix. Elle illustre la force de l'amour, le désir, la destinée, le sentiment amoureux et l'attirance. Elle célèbre les difficultés surmontées afin que deux amants puissent être ensemble. L'ange de cette lame majeure peut être considéré comme un entremetteur, mais peut aussi constituer une force protectrice pour le couple. L'ange est un symbole de destinée. Il est là pour nous montrer de quelle manière chacun de nos choix peut influer sur notre avenir. L'ange nous rappelle de choisir judicieusement.

Mots-clés : Amour sexuel, beauté, relation amoureuse. Décisions, engagement. Choix à faire. Le choix que vous ferez maintenant aura une incidence sur votre avenir. L'amour guérit.

Associations divines : Éros et Psyché, Isis et Osiris.

Association astrologique : Gémeaux.

Inversée : Problèmes relationnels, mauvais choix effectués. Ignorer les problèmes. Prises de bec et disputes.

VII • Le Chariot

Un conducteur de char revêtu d'une armure se tient dans son char en or et en argent tandis que ses chevaux parcourent le ciel et traversent les nuages au grand galop. À l'arrière-plan, on voit un croissant de lune, un ciel étoilé, et le ciel plus clair du lever du soleil au-dessous de lui. Le casque du conducteur de char est orné d'une étoile à huit branches. Il s'agit de l'étoile de Vénus, symbole de la guérison. En travers de son armure, il porte une écharpe dorée qui arbore les signes du zodiaque. Il tient une baguette magyque en l'air dans sa main gauche et, avec sa main droite, il semble diriger les deux chevaux qui tirent le char uniquement par la force de sa volonté, puisque les chevaux n'ont pas de rênes. Ce détail illustre la maîtrise qu'il a de son pouvoir personnel et de l'énergie magyque en jeu.

Le Chariot raconte l'histoire du Héros, lui qui s'est battu avec acharnement et a gagné. C'est la seule lame du tarot qui comporte deux chevaux, et leur symbolisme est important. Ce couple de chevaux imite les colonnes de la lame de la Grande Prêtresse. À la droite du conducteur de char se trouve un cheval noir qui représente la nuit, la magye lunaire, le chaos, le subconscient et les énergies féminines. Le cheval blanc à la gauche du conducteur de char symbolise le jour, la magye solaire, l'ordre, le conscient et les énergies masculines. Au lieu d'être gouverné par ces forces, le conducteur de char les dirige et exploite ces pouvoirs pour produire le résultat désiré — de la même manière qu'on le voit maîtriser les deux chevaux et les faire avancer ensemble.

Significations

Cette lame témoigne de victoires durement acquises. La lame du Chariot est consacrée à la confiance en soi, la maîtrise, la motivation et la détermination à réussir. Puisez dans votre pouvoir personnel, et vos objectifs deviendront manifestes. Les obstacles et barrières seront levés. Exercez la magye dans une optique de mouvement et de changement. Si le Chariot arrive à grand bruit dans un tirage, il vous invite à allier votre magye à de la discipline mentale et de la ténacité. La force vient de l'intérieur. Croyez en vous — combinez détermination, concentration et volonté — et vous réussirez. Parmi les arcanes majeurs, seules les lames du Chariot, de la Grande Prêtresse et de l'Étoile présentent des ciels étoilés. Ces trois lames sont liées. Si la Grande Prêtresse et le Chariot apparaissent dans un même tirage, c'est un signe que la victoire peut être remportée par la sagesse. Si les lames de l'Étoile et du Chariot apparaissent dans un même tirage, elles laissent présager que la victoire entraînera une guérison émotionnelle.

Mots-clés : Volonté, ambition, concentration, dynamisme. Aptitudes au commandement. Puisez dans votre pouvoir personnel pour voir votre magye devenir manifeste. Surmontez l'adversité et tous les obstacles sur votre route. Ne baissez pas les bras ; accrochez-vous !

Associations divines : Apollon, Artémis, Hélios.

Association astrologique : Cancer.

Inversée : Aucune volonté, aucun dynamisme, manque de concentration ou d'ambition, peur de l'engagement.

VIII • La Force

Une femme à la chevelure auburn est tranquillement assise à l'aube, à côté d'un imposant lion. Le lion est magnifique et se blottit paisiblement contre elle, à la recherche de réconfort. La femme sourit, sereine et capable de maîtriser le lion uniquement par son attitude et son toucher. Elle porte une couronne de feuilles de chêne vert ; elles représentent la force. Une lemniscate — le symbole de l'infini — rougeoie au-dessus de la tête de la femme et indique qu'elle incarne un être spirituel et magyque. Sa robe est blanc et rouge, deux couleurs associées à la Déesse. Elle porte huit rubis rutilants autour du cou. Le nombre de ces pierres rougeoyantes rappelle et établit un lien avec le numéro de cette lame majeure. Le collier est un symbole important pour la femme sur cette lame, car le rubis est connu pour favoriser un état d'esprit positif et courageux. Une guirlande de roses rouges luxuriantes, signifiant l'harmonie et la beauté, repose sur le lion et la femme, les reliant l'un à l'autre — ce qui soulève la question : qui détient la force sur cette lame ? La femme, pour sa force tranquille, sa puissance, et parce qu'elle profite de la situation ? Ou le lion, pour sa capacité à contenir ses impulsions les plus féroces, sa maîtrise de soi, et parce qu'il se permet le plaisir de l'expérience ?

Significations

Force paisible, sang-froid, courage et pouvoir personnel tranquille sont les thèmes de cette lame. Si cette lame sort dans un tirage, elle vous rappelle que la force brute n'est pas nécessaire dans la situation actuelle ; cependant, l'usage judicieux du pouvoir personnel, la maîtrise de soi, la détermination et la force de caractère le sont. Parfois, la meilleure chose que nous puissions faire est d'avoir confiance en nous et en notre pouvoir personnel — être assez fortes pour surmonter avec calme et détermination tout défi auquel nous pouvons être confrontées, prudemment et en faisant preuve d'une maîtrise de soi totale.

Mots-clés : Force de caractère, pouvoir personnel. Retenue. Être calme. Maîtrise de soi, confiance en soi, détermination.

Associations divines : Apollon, Hélios.

Association astrologique : Lion.

Inversée : Sentiment d'impuissance. Inhibition, peur, doute. Problèmes de maîtrise.

IX • L'Hermite[1]

1. N.d.T. : Nous avons conservé le « H » en référence à Hermès, comme dans bon nombre de tarots.

Un vieux magicien sage poursuit une quête de vision. Il s'agit peut-être de Merlin ; il s'est isolé, s'en est allé seul, et s'est mis au défi de révéler les mystères. Il porte un manteau de magicien classique parsemé de lunes et d'étoiles, mais ce manteau est vieux, délavé et en lambeaux aux bords, ce qui nous indique qu'il voyage depuis quelque temps. Sous le ciel crépusculaire, une chaîne de montagnes désolée, recouverte de neige et de glace, apparaît derrière lui, symbolisant sa séparation du reste du monde. L'Hermite utilise son bâton de marche pour l'aider dans son voyage. Dans sa main droite, il tient en l'air une vieille lanterne en métal qui renferme une étoile à six branches flamboyante pour éclairer sa route. Une étoile à six branches symbolise l'équilibre entre les énergies masculines et féminines.

L'étoile flamboyante de l'Hermite nous rappelle de chercher nos vérités spirituelles aussi bien à l'intérieur de soi qu'à l'extérieur. L'étoile représente la sagesse que nous possédons toutes en nous. Lorsque nous lui permettons de s'affirmer, des choses extraordinaires peuvent se produire. Si nous avons la force, nous pouvons voyager jusqu'au sommet de la montagne, acquérir de la perspicacité et voir nous-mêmes sa lueur. L'Hermite acquiert de l'expérience à travers ses épreuves et ses essais, et il nous rappelle que nous pouvons faire de même. Savoir, inspiration et illumination peuvent être nôtres.

Significations

En présence de la lame de l'Hermite, il est question de prendre du temps libre à dessein, de s'isoler et de regarder à l'intérieur de soi. Si cette lame apparaît dans un tirage, c'est un signe que vous avez besoin de vous accorder une petite pause afin de vous ressaisir. Le moment est venu pour une quête de vision, la réflexion, l'intuition, la méditation et l'épanouissement personnel. Il est temps d'exercer votre magye en solitaire pendant quelque temps, même si vous faites partie d'un coven. Croyez en vous et en votre intuition, et accordez-vous du temps afin de voir où cela vous mène. Laissez votre magye vous montrer la voie, quels que soient les défis auxquels vous devez faire face.

Mots-clés : Réflexion, méditation, intuition. Prendre ses distances avec le coven. Pratique solitaire, passer du temps seule dans la nature, atteindre l'illumination.

Associations divines : Hermès le voyageur, Saturne.

Association astrologique : Vierge.

Inversée : Sentiment d'isolement ou d'incapacité à affronter seule les problèmes. Solitude. Il est temps de chercher un nouveau cercle ou coven.

X • La Roue de l'année

Un pentagramme lunaire en argent est entouré par la Roue de l'année solaire en or comptant huit rayons. À l'arrière-plan, on voit un ciel bleu radieux et des nuages cotonneux. Cette lame évoque la magye et le mystère de la Roue de l'année — l'ensemble des huit sabbats comprenant les quatre saisons et les quatre cycles de la nature.

Les quatre saisons et leurs enseignes du tarot respectives sont représentées ensemble. L'élément de la terre est représenté par le pentacle et le solstice d'hiver, par du houx, la plante de Noël classique. En phytothérapie magyque, le houx est utilisé pour s'assurer chance et protection. Dans le coin inférieur droit, on voit des fleurs de cerisier roses pour l'équinoxe de printemps ainsi que l'épée, deux objets associés à l'élément de l'air. Les fleurs de cerisier, fleurs classiques d'un arbre fleurissant au printemps, signifient la noblesse et la courtoisie. Dans le coin inférieur gauche figurent des feuilles de chêne vert éclatant pour le solstice d'été et le bâton d'aubépine en fleur de notre tarot. Tant le bâton que l'été correspondent parfaitement à l'élément du feu. Ici, le feuillage du chêne au cœur de l'été représente la santé, la sagesse, la vertu et la longue vie. Enfin, dans le coin supérieur gauche de la lame, on voit un ravissant mélange de magnifiques feuilles d'érable orange, en automne, et de glands pour la récolte. L'enseigne des Coupes est associée à l'automne, étant donné que l'automne est lié à l'élément de l'eau. Les feuilles d'érable symbolisent l'élégance, la beauté et l'énergie tandis que les glands apportent prospérité et sagesse.

Significations

Cette lame symbolise la magye des quatre saisons et les énergies de la Roue de l'année. Si cette carte sort dans un tirage, elle vous invite à œuvrer avec les énergies et les cycles de la nature qui vous entourent actuellement, et pas à leur encontre. Ce qui signifie repos et introspection en hiver ; nouveaux départs, croissance et possibilités au printemps ; énergie, joie, générosité et vivacité en été ; et abondance et rappels de se préparer, de se réunir et de se souvenir en automne. Attendez-vous à du changement, car la vie est continuellement en transformation et en croissance sur tous les plans. Cette lame représente typiquement la chance, la possibilité et un événement fortuit.

Mots-clés : La Roue de l'année, célébration des sabbats[3] et des esbats[4]. Chance. Œuvrer avec les énergies et la magye de chaque saison.

Associations divines : Fortuna, Arianrhod.

Association astrologique : Jupiter.

Inversée : Une période de malchance. Se sentir déconnectée des saisons et des rythmes de la nature. Trouble affectif saisonnier (dépression hivernale).

XI • La Justice

La déesse grecque de la Justice, Thémis, est assise dans son temple. Elle vous scrute attentivement d'un regard direct, pensif. Thémis tient un glaive dans la main droite. Le glaive symbolise la nécessité de maintenir l'équilibre, même s'il faut recourir à la force. Dans sa main gauche, Thémis tient une balance, tout aussi équilibrée. Les émeraudes de sa couronne et la broche en émeraude épinglée sur sa cape promeuvent la stabilité émotionnelle et la sagesse. Personne ne peut voir à travers le rideau mauve derrière elle, étant donné qu'il cache les mystères et les rouages de l'univers.

Voici la lame centrale des 22 arcanes majeurs, puisque la Justice est au centre de nos vies et que son issue impartiale est inévitable. Thémis considère tout avec intégrité et révérence, vu qu'elle incarne, en substance, une force neutre. La Justice nous rappelle les lois du karma et l'idée de cause à effet. Nos actions passées et présentes affecteront notre avenir.

La lame de la Justice illustre la stabilité, l'équilibre et l'équité. Il est temps d'étudier les différentes possibilités qui s'offrent à vous et d'évaluer vos actions dans la vie. Les rudbeckies qui poussent dans les urnes grecques symbolisent avec élégance la justice dans le langage des fleurs. La lame de la Justice est liée tant à la lame majeure de la Grande Prêtresse qu'à celle du Karma. À l'instar de la Grande Prêtresse, la Justice incarne une force neutre, et ses liens avec la lame du Karma nous rappellent qu'à la fin, le karma a toujours le dernier mot.

Significations

Si la lame de la Justice apparaît dans un tirage, vous devez vous demander ce qui est en situation de déséquilibre et quel genre de justice vous recherchez. Qu'est-ce qui vous semble si injuste dans votre vie ? Lesquelles de vos actions vous ont menée jusque là ? Cette lame peut représenter des questions juridiques et un procès potentiel. Elle peut aussi symboliser le rétablissement de l'équilibre. Elle indique que vous êtes sur la voie du franc jeu, de l'honnêteté, de l'harmonie et de l'équilibre. Les problèmes se résoudront d'eux mêmes. Ayez confiance et confiez l'exercice de cette justice aux mains des dieux.

Mots-clés : Justice, questions juridiques, issue équitable d'un procès. Cause à effet. Laisser les dieux se charger de l'issue. Honnêteté, stabilité, intégrité et égalité.

Associations divines : Athéna, Maât, Thémis.

Association astrologique : Balance.

Inversée : Partis pris, injustice, retards, issue injuste.

XII • Le Pendu

Un jeune homme pend calmement la tête en bas, accroché à un frêne par le pied droit. Tandis qu'il pend là, il se trouve dans un état de transition ou passe une initiation quelconque. L'auréole autour du visage du Pendu montre qu'il vit une révélation. Le ciel paisible à l'arrière-plan de cette lame vous signale que cette étape n'est pas une période à craindre. Vous devez vous débarrasser de quelque chose de vieux et préjudiciable en vue d'acquérir cette nouvelle sagesse. Profitez de ce nouvel angle et de ce chapitre intermédiaire de votre vie, et voyez ce que vous découvrez.

Selon la tradition païenne nordique, l'Arbre Monde, Yggdrasil, supporte l'univers tout entier. Le corbeau est un animal totem du dieu Odin, et l'oiseau symbolise l'initiation, les secrets et la prophétie. De la même manière qu'Odin était suspendu à l'Arbre-Monde pour acquérir la connaissance des runes, le Pendu trouve aussi ses réponses sur le frêne lors de cette phase de transition de la vie.

Le corbeau tient un pentacle d'or scintillant et il a le regard baissé sur le Pendu comme s'il lui demandait ce qu'il fait là. Peut-être est-il son totem animal et tient-il compagnie au Pendu durant cet état de transition. Les corbeaux sont des oiseaux magyques, intelligents et espiègles. Ils sont attirés par les objets scintillants et brillants et les amassent dans des caches. Les couleurs classiques rouge, verte, jaune et bleue témoignent d'un équilibre au sein des quatre éléments naturels, et ces couleurs composent le costume du Pendu. Les runes brodées sur l'encolure de sa chemise et qui décorent le tronc du frêne rappellent le lien avec Odin, l'Arbre-Monde et la sagesse trouvée là-bas.

Significations

Si cette lame apparaît dans un tirage, elle vous invite à regarder les choses sous un autre point de vue. Considérez l'idée d'initiation comme un moyen d'acquérir une nouvelle sagesse et d'emprunter une voie spirituelle plus claire. Affranchissez-vous de cette illusion de maîtrise, prenez le contre-pied des choses et regardez attentivement les leçons sous vos yeux. Détendez-vous et soyez patiente ; adopter une telle attitude peut ne pas être facile, mais lutter contre les changements dans votre vie ne fait qu'engendrer plus de problèmes. Interprétez les signes prudemment, qu'il s'agisse de lames de tarot ou de runes. Songez à leurs leçons tandis que vous vous laissez traverser cette phase de transition ou d'initiation avec calme et joie. Ce faisant, vous découvrirez les mystères.

Mots-clés : Initiation, phase de transition de la vie. Détendez-vous et laissez les changements se produire. Nouvelle attitude envers la vie, magye runique, adoption d'un nouveau point de vue sur la situation actuelle.

Association divine : Odin.

Association astrologique : Neptune.

Inversée : Être coincée, incapable de s'affranchir ou de progresser.

XIII • La Mort

La lame de la Mort est l'une des plus mal comprises du tarot. Elle symbolise rarement la mort physique ; ce qu'elle annonce est plutôt un changement radical dans la vie de la consultante. Sur cette lame, le crâne de la Mort est enflammé par un feu rougeoyant. Le crâne est un symbole de mortalité humaine et le siège de l'esprit. Les flammes d'un jaune verdâtre représentent l'énergie et la puissance de l'esprit. L'armure de la Mort est sombre et a déjà bien servi ; son cheval blanc a des yeux flamboyants et sa bride est ornée de têtes de mort. La Mort porte un drapeau qui annonce une transformation. Le drapeau arbore fièrement le nombre 13 — le nombre de pleines lunes que compte une année — et la fleur sur le drapeau est une rose blanche à cinq pétales, symbolisant les cycles naturels de la vie. À l'arrière-plan, le ciel du soleil couchant, d'un rouge éclatant, correspond à la tombée du jour et à la fin d'un chapitre de votre vie.

Un enfant se tient devant la Mort avec un bouquet de marguerites blanches attachées ensemble à l'aide de rubans aux couleurs de la Triple Déesse : le blanc, le rouge et le noir. Dans le langage des fleurs, les marguerites blanches symbolisent l'innocence. Il est important de noter que l'enfant regarde la Mort et lui fait face tout en lui tendant les fleurs. Il est heureux, confiant et ne craint pas ce chevalier ; il se réjouit du changement. L'enfant représente l'espoir.

Significations

Cette lame représente le changement. Afin que quelque chose de nouveau se développe, quelque chose de vieux doit céder sa place. Cette lame apparaît souvent lors de tirages pour des femmes enceintes, ce qui est logique. Songez-y : leur mode de vie est sur le point de changer pour toujours. Leur vie est sur le point de se transformer et de prendre un nouveau tournant excitant. Cette lame symbolise aussi d'autres fins et commencements importants dans votre vie : naissance, mariage, nouveau poste, départ à l'université, déménagement, etc. En fait, une manière de vivre a disparu, permettant ainsi à de nouveaux départs et de nouvelles occasions de se présenter.

Mots-clés : Transformation, changement. Fins et commencements. Cycles de la nature et de la vie.

Associations divines : Hadès, Pluton, Hela.

Association astrologique : Scorpion.

Inversée : Adaptation traumatisante, retard, changement difficile.

XIV • La Tempérance

La déesse grecque de l'arc-en-ciel, Iris, est tournée vers l'avant et se tient au bord de l'eau, ses ailes d'or déployées. Sa robe blanche diaphane est ornée d'un triangle doré sur le corsage, qui dénote l'équilibre et la créativité. Sa robe flotte doucement autour d'elle. L'un des pieds d'Iris est sur terre, tandis que l'autre trempe dans l'eau. Ni sur terre ni dans l'eau, elle se trouve dans un endroit enchanté où elle côtoie les deux mondes — un endroit intermédiaire.

Dans ses mains, Iris tient deux coupes différentes et verse calmement de l'eau d'une coupe à l'autre. L'eau coule et circule dans toutes les directions comme par magye avant de se déverser dans la coupe du bas. Une transformation alchimique s'opère ici ; la déesse tempère le liquide dans les coupes pour trouver le bon équilibre ou le bon mélange. Derrière Iris, les nuages se sont dispersés dans le ciel et un arc-en-ciel apparaît, représentant l'espoir, la magye et les miracles. Autour d'elle, des iris de plusieurs couleurs différentes poussent sur les rives verdoyantes. Les iris enchantés symbolisent « un message éloquent », ce qui correspond bien à la déesse messagère dont ils tirent leur nom.

Significations

La lame de la Tempérance apparaît dans un tirage quand le temps est venu de faire preuve de retenue, d'un peu plus de tact que d'habitude et de modération. Cette lame majeure représente le mélange de différents éléments magyques pour créer quelque chose de nouveau, comme la pluie et les rayons du soleil forment un arc-en-ciel. La lame de la Tempérance représente également l'alchimie personnelle d'une transformation spirituelle. Il est temps d'œuvrer à la guérison de votre « moi » spirituel. C'est l'occasion parfaite de vous exercer pour trouver l'équilibre, ou « flux », adéquat dans votre magye et votre vie. Guettez les messages que vous envoient les dieux.

Mots-clés : Alchimie. Rétablir la stabilité. Modération, retenue et tact. Trouver votre équilibre, chercher les messages divins et œuvrer à votre guérison et votre transformation spirituelles.

Associations divines : Iris, Hébé.

Association astrologique : Sagittaire.

Inversée : Comportements et actions déséquilibrés. Dépendance.

XV • Le Côté obscur

Le Côté obscur remplace la traditionnelle lame du Diable ; les sorcières ne s'identifient pas au concept du Diable. Le Côté obscur montre ce qui advient quand on laisse la peur et la panique prendre le dessus. La lame illustre un couple pris d'un mouvement de recul devant une silhouette sombre et effrayante. Ils sont seuls au milieu d'une sinistre forêt. Ils sont clairement dominés par la peur. Leurs vêtements sombres et tristes témoignent de leur malheur d'être à un endroit sombre de leur vie. La posture et les expressions du couple illustrent leur peur et montrent qu'ils ont cédé leur pouvoir à quelqu'un ou quelque chose d'autre par inadvertance. Fuir et se cacher de la créature sombre n'aide pas le couple et ne leur apporte aucun réconfort. Au contraire, ils doivent se retourner et affronter leurs peurs, et arrêter de laisser les problèmes ou les gens les effrayer, intimider ou contrarier.

Nous devons tous traverser des temps difficiles de temps à autre. La question est : allez-vous vous montrer à la hauteur des circonstances et vaincre vos peurs ? Affronterez-vous les personnes qui vous mettent à l'épreuve dans votre vie et aborderez-vous vos problèmes de front ? Ou pleurnicherez-vous et vous tracasserez-vous à leur sujet ? Affrontez vos adversaires et ripostez avec honneur et intégrité, et vous vaincrez ceux qui vous défient.

Significations

Cette lame symbolise le fait que vous laissez quelqu'un d'autre ou un problème avoir l'ascendant sur vous. L'ancienne camarade du coven qui est partie en faisant toute une scène, la belle-mère venue tout droit de l'enfer ou le patron que vous n'arrivez pas à contenter — il s'agit d'une personne qui peut entrer dans une pièce et gâcher votre journée… parce que vous la laissez faire. Brisez ces chaînes et sortez de l'ombre ! Arrêtez de céder votre pouvoir et soyez forte. L'important à ne pas oublier est que vous pouvez vous libérer de votre réaction à n'importe quel moment. Il est temps d'accepter le côté obscur de votre personnalité et de regarder vraiment vos peurs en face. Acceptez ce qui vous retient. Arrêtez de vous replier sur vous-même. Efforcez-vous de trouver l'équilibre et le courage.

Mots-clés : Laisser une autre personne avoir l'ascendant sur vous et vos réactions. Se protéger contre de la magye malveillante. Surmonter la peur pour en sortir victorieux.

Associations divines : Pan, le Dieu cornu, Vélès.

Association astrologique : Capricorne.

Inversée : Oppression, illusions, supercherie, tromperie.

XVI • La Tour

La lame de la Tour illustre une révélation foudroyante ou un changement de plans soudain. Un ciel sombre, orageux entoure une haute tour qui se dresse sur une falaise. Les nuages d'orage lancent des éclairs qui zèbrent le ciel avant de frapper la tour, renversant une couronne placée sur le sommet. Un feu, qui purifie et transforme, brûle dans la tour. Deux personnages tombent de la tour et chutent la tête la première. Leur position nous indique que la situation leur échappe totalement.

La tour symbolise nos ambitions, tandis que la couronne sertie de rubis représente l'amour-propre. Les traditions magyques ont recours aux rubis pour accroître la conscience. L'éclair sur cette scène illustre qu'il y a désormais un éclair de compréhension, et la lumière vive de la vérité éclairera toute situation douteuse. Des obstacles sont levés et l'énergie négative est finalement contrée. Une transformation s'opère ; une réévaluation s'impose en ce moment. Vous êtes obligée de sortir de votre petit monde rassurant... À présent, vous allez devoir assumer les conséquences.

Significations

Tout le sens de la lame de la Tour réside dans une révélation troublante ou dans un événement qui change pour toujours la manière dont vous vous voyez et dont vous voyez les gens qui vous entourent. Ce changement n'est pas nécessairement une mauvaise chose. Maintenant que toute cette pression accumulée a été relâchée de la tour, le feu à l'intérieur la purifiera et la transformera. Des secrets bouleversants sont mis à jour ; votre amour-propre va peut-être en prendre un coup, mais vous survivrez à cette chute. Le changement est en route et il se promet d'être radical. Les barrages et obstacles spirituels auxquels vous avez un jour été confrontée sont aujourd'hui levés. Ce que vous apprenez finira par être utile à long terme.

Mots-clés : Changement de plans, révélation de secrets. Bouleversement. Un coup à l'amour-propre. Des problèmes deviennent critiques. Réévaluation. Changement radical. Levée de barrages sur votre voie spirituelle.

Associations divines : Mars, Thor, Zeus.

Association astrologique : Mars.

Inversée : Disputes, traumatisme, frustration, destruction.

XVII • L'Étoile

La déesse de l'Étoile se tient nue au bord de l'eau. Elle a un pied sur terre, tandis que l'autre est dans l'eau. Ses bras sont tendus au-dessus de l'eau et du sol. Elle tient une carafe simple en céramique dans chaque main. Un filet d'eau coule sur le sol, représentant la guérison physique, tandis que l'autre carafe se déverse dans l'étang, symbolisant la guérison spirituelle. Une grande étoile, entourée de sept étoiles de plus petite taille, brille dans le ciel nocturne. Chaque étoile compte huit rayons scintillants. L'étoile à huit rayons est un symbole de guérison et un emblème de la déesse Vénus, dont l'« étoile du berger » tire son nom. Les étoiles étincelantes représentées sur cette lame vous rappellent de suivre vos rêves, d'œuvrer en accord avec les marées calmes et les énergies des étoiles, et que des vœux seront exaucés en ce moment. Autour de la déesse de l'Étoile et sur les bancs poussent des myosotis bleus. Les myosotis, également consacrés à la déesse Vénus, représentent l'espoir et l'amour.

À l'instar de la lame de la Tempérance, la déesse de l'Étoile œuvre entre les mondes sur cette image. Cet « entre-deux » est l'un des endroits les plus magyques. L'ibis sacré qui se tient sur le morceau de bois sur le rivage représente Thot, un dieu égyptien de sagesse divine et de science. Thot était l'inventeur de l'astronomie et était considéré comme le protecteur de l'art de la magye.

Significations

L'Étoile est une lame d'espoir, de paix intérieure, de créativité et de guérison. Si cette paisible et magnifique lame sort dans un tirage, c'est un signe que vous êtes sur la voie de la guérison physique et émotionnelle. Ayez de l'espoir, suivez vos rêves, et vos vœux se réaliseront. Cette lame parle d'inspiration ; votre créativité sera plus féconde que jamais. Laissez-vous envahir par cette inspiration et voyez où elle vous mène. L'Étoile illustre une magye plus douce, plus légère et indique que vous réussirez à œuvrer avec vos dons intuitifs. Aussi, il est impératif de tenir compte de la position des astres chaque fois que vous exercez la magye en ce moment.

Mots-clés : Guérison, inspiration, intuition, renouveau. Espoir, paix, vœux réalisés. Magye astrologique. Sagesse. Créativité féconde.

Associations divines : Déesse de l'Étoile, Astrée, Vénus, Isis, Ishtar, Nout, Thot.

Association astrologique : Verseau.

Inversée : Pessimisme, retard, doute, barrages spirituels.

XVIII • La Lune

Hécate, la vieille femme, se tient à un carrefour enveloppé de brouillard, brandissant une torche. Sa chevelure argentée ondoie sous l'effet d'une brise ; autour du cou, elle porte un pendentif de la roue d'Hécate. À sa taille pendent trois clés passe-partout et un pentacle. Trivia, « la déesse des trois chemins » ou la déesse des carrefours, exerçait son emprise sur la terre, le ciel et la mer. Elle pouvait apparaître sous d'innombrables apparences : dans la peau d'une belle jeune fille, d'une matrone ou de la vieille femme et guide, telle que représentée sur cette lame. Une vieille femme est une femme de pouvoir — une femme qui a acquis un vaste savoir au cours de sa vie, qui marche avec sagesse et porte ses années admirablement.

Les trois loups de compagnie d'Hécate représentent les aspects les plus sauvages de nous-mêmes. Hécate était toujours accompagnée de canidés, aussi bien sauvages que domestiques. Les deux saules à l'arrière-plan sont consacrés à Hécate et le saule correspond aussi bien à l'élément de l'eau qu'à la magye lunaire.

Hécate nous montre que tout n'est pas aussi clair qu'on l'imaginerait au départ, comme l'illustre l'exemple d'une vieille femme non pas hagarde et ratatinée, mais belle. La magye est partout, même dans les endroits les plus inattendus. Regardez attentivement désormais : que vous révèleront Hécate et la lumière de la lune ?

Significations

Voici la lame de la Vieille Déesse, de la magye de la lune décroissante, de l'intuition et des illusions. Elle peut aussi représenter un développement des pouvoirs psychiques. Si cette lame apparaît dans un tirage, elle révèle que les gens et les situations ne sont pas toujours ce qu'ils semblent être. Le clair de lune peut être trompeur. Ce que l'on voit d'une certaine manière le jour peut apparaître tout autre sous la lumière changeante de la lune. Vous devez regarder attentivement ce que vous pensez voir. Invoquez vos guides, vos totems et Hécate afin de voir au-delà de la brume et de reconnaître la vérité. Exploitez vos dons psychiques et faites confiance à votre intuition. Exercez la magye avec Hécate pour ne plus vous laisser tromper par une illusion et pour les dons de prévoyance, de sagesse et de protection.

Mots-clés : L'aspect vieille femme de la Déesse. Magye de la lune décroissante. Magye protectrice. Ne pas se laisser abuser par ce que d'autres dissimuleraient. Intuition et développement des pouvoirs psychiques. Sagesse acquise au fil des années d'expériences de vie.

Associations divines : La Vieille Déesse, Trivia, Hécate.

Association astrologique : Poissons.

Inversée : Confusion, tromperie, supercherie, anxiété, peur.

XIX • Le Soleil

Un jeune garçon blond monte un cheval blanc dans un champ de superbes tournesols. Au-dessus de lui, dans un ciel bleu d'été, des nuages blancs sont illuminés par le soleil éclatant qui irradie. La saison de croissance bat son plein et c'est un jour de pouvoir : le solstice d'été. Le petit garçon représenté sur cette lame est adorable, souriant, heureux, et vit une aventure. Il incarne la vitalité, l'enthousiasme et la joie. Si vous écoutez attentivement, vous entendrez son invitation à vous joindre à son aventure. Il est l'enfant divin du Soleil.

Le jour, les tournesols se tournent naturellement vers le soleil et dans le langage des fleurs, ils symbolisent la gloire, le succès et l'estime. Le cheval blanc représente le mouvement et le progrès. Selon de nombreuses mythologies, un cheval blanc représente l'aube, la vie, la lumière et l'illumination. Aussi, les chevaux blancs sont liés à la magye et au royaume des fées. Le cheval blanc, l'enfant blond et les tournesols sont tous trois reconnus comme des symboles classiques du Soleil. Cette joyeuse lame majeure est aussi associée au pouvoir personnel et à la célébration des équinoxes et des solstices.

Significations

Cette lame est l'une des plus fortuites du tarot. Le Soleil est une lame de bon augure, de chance, de réussite, de créativité et de découvertes capitales. Dansez sous la lumière du soleil et exercez un peu la magye solaire. La réussite est vôtre ; attendez-vous à des temps meilleurs, à jouir d'une bonne santé et à déborder d'énergie et de vitalité. Vous avez atteint la complétude spirituelle. Vous passerez de bons moments avec des amis chers, et des événements et célébrations magyques se présentent à vous. Votre pouvoir personnel connaît son apogée. Concentrez ce charisme et voyez où il vous mène. Les choses jouent en votre faveur, donc accrochez-vous bien et profitez de la balade !

Mots-clés : Réussite, pouvoir personnel, bons moments, événements heureux. Amitié, vitalité, joie, enthousiasme. Gloire, croissance, réussite, bonheur. Magye solaire. Les solstices et les équinoxes.

Associations divines : L'Enfant-Soleil, Apollon, Brigit, Hélios, Sól.

Association astrologique : Soleil.

Inversée : Besoin de revenir à la réalité. Rivalité. Les exigences reliées au fait d'occuper le devant de la scène.

XX • Le Karma

Trois personnes lèvent leurs mains jointes pour célébrer tandis qu'ils assistent à une éclipse solaire totale. Ils forment une unité familiale : une femme, un homme au centre et leur enfant. La famille s'est réunie pour célébrer l'éclipse. Ils se tiennent devant un cercle magyque où des torches aident à éclairer leur zone de cérémonie. Le trio porte des robes de rituel et des écharpes mauves. Le mauve est puissant et est à la fois une couleur spirituelle et intuitive — un bon choix pour cette lame. Un champ verdoyant et des montagnes se détachent au loin. Ces montagnes sont un symbole classique pour cette lame et sont censées représenter les pensées abstraites. La lumière est étrange, car par l'action de l'éclipse, il fait jour et nuit en même temps.

L'éclipse nous rappelle que des forces supérieures sont à l'œuvre ici. L'éclipse solaire totale désigne traditionnellement les miracles et la magye, et vous rappelle de manière enchanteresse que le divin est à l'œuvre dans votre vie quotidienne. Tout arrive pour une bonne raison. Vous devez maintenant accepter vos expériences passées. Demandez-vous quelles leçons vous en avez tirées. De cette manière, vous pouvez continuer gracieusement avec une meilleure compréhension.

Significations

La lame du Karma nous montre que les cycles et le changement doivent être respectés et que tout arrive pour une bonne raison. Honorez les changements dans votre vie et grandissez avec eux. Des forces spirituelles sont à l'œuvre. L'heure est venue de prendre une décision importante. Votre destinée sera façonnée par les choix que vous faites aujourd'hui ; gardez à l'esprit que le karma qui suivra dépendra de vos actions. Soyez dès lors consciente aussi bien de vos actions que de votre magye sur le plan spirituel. Le Karma a toujours le dernier mot. Œuvrez consciencieusement pour engendrer une transformation positive.

Mots-clés : Effectuer un changement positif pour votre réalité future. Renouveau, conscience spirituelle et magyque plus profonde, karma et destinée. Réflexion sur les événements passés. Résultats de vos actions passées.

Association divine : Horus.

Association astrologique : Pluton.

Inversée : Mauvais jugement, regret. Ressentir les conséquences malheureuses de la règle de trois magyque. On récolte ce que l'on sème.

XXI • Le Monde

La lame du Monde symbolise la fin des voyages du Fou et est l'aboutissement de toutes les lames précédentes. Il s'est frayé un chemin à travers les mystères des arcanes majeurs et a trouvé la complétude. Le Fou est visible dans le coin supérieur gauche. Il est plus âgé et plus sage maintenant qu'il a achevé son voyage magyque. Dans les trois autres coins de la lame du Monde figurent des représentations des dons qu'il a acquis au cours de son expédition. Dans le coin supérieur droit, un aigle doré vole dans le ciel. L'aigle représente les dons d'intelligence, de courage et d'assurance. Dans le coin inférieur droit, on voit un lion adulte. Le lion est synonyme des dons de force, de passion et de renaissance que le Fou possède désormais. Le coin inférieur gauche est occupé par un puissant cerf. Le cerf symbolise la fierté, l'élégance et l'intégrité. Notre Fou, plus sage et plus âgé, peut désormais utiliser facilement toutes ces compétences dans sa magye et dans sa vie quotidienne.

L'Homme vert au centre de la lame du Monde nous sourit. Il a le visage entouré de feuillage et porte une couronne de branches. Les branches sortant de la tête de l'Homme vert sont une allusion aux ramures du dieu cornu de la nature. Pour les sorcières, l'Homme vert est une belle représentation évocatrice, ou un archétype, des impressionnants pouvoirs et de la magye du monde naturel. C'est une représentation parfaite pour la dernière lame majeure, dans la mesure où l'Homme vert et le Monde sont tous deux des symboles de renouveau, de renaissance et de régénération.

Significations

Si cette lame apparaît dans un tirage, c'est un signe que des leçons spirituelles ont été maîtrisées. Un sentiment de liberté et d'harmonie attend d'être savouré. Le savoir, la force et même la compréhension spirituelle nouvellement acquis seront désormais utilisés à bon escient. Elle peut aussi symboliser l'achèvement d'un projet couronné de succès, une renaissance personnelle ou même des connexions spirituelles fortes et saines entre les gens ou entre les membres d'un coven.

Mots-clés : Renaissance, complétude, achèvement, joie. Victoire et réalisation. La fin heureuse d'un voyage. La magye et les merveilles du monde naturel. Des connexions spirituelles entre les gens ou entre les membres d'un coven.

Associations divines : L'Homme vert, Gaïa.

Association astrologique : Saturne.

Inversée : Achèvement d'un projet retardé. Problèmes récurrents. Renoncez à la magye du monde naturel.

Les arcanes mineurs

Au tarot, comme en magie, les quatre emblèmes représentent le monde en soi et la nature humaine…

Rachel Pollack

Les arcanes mineurs sont constitués de quatre enseignes : les Coupes, les Épées, les Bâtons et les Pentacles. Chacune de ces enseignes est associée à l'un des quatre éléments naturels. De nombreuses liseuses de tarot oublient que les enseignes sont en fait basées sur les quatre éléments. Dans ce tarot, les éléments prédominent et influent sur la situation de chaque lame.

Dans les arcanes mineurs et au sein de chacune des quatre enseignes, les lames sont réparties en deux séries. Nous avons d'abord les cartes numérales ou cartes numérotées, qui vont de l'as au dix. La deuxième série de lames mineures est constituée des figures, à savoir le valet, le cavalier, la dame et le roi. Dans le *Tarot des sorcières*, chacune des figures vous adresse un message personnel enchanteur, un défi ou une leçon ; interprétez-les donc avec soin.

Les enseignes des Bâtons et des Épées sont considérées comme dotées d'énergies masculines attribuées à l'élément qui les domine, respectivement le feu et l'air. Ces enseignes sont tenues pour actives, tandis que celles des Coupes et des Pentacles sont féminines. Les enseignes associées à l'eau et à la terre sont passives.

Il est également intéressant de noter que, lors des tirages, les enseignes des Pentacles (la terre) et des Bâtons (le feu) représentent les activités physiques, alors que celles des Coupes (l'eau) et des Épées (l'air) symbolisent les émotions ressenties. Les différents éléments ne caractérisent pas seulement des expériences différentes, mais également des façons très différentes d'aborder les défis dans votre vie.

Les tarots modernes fondés sur le Rider-Waite-Smith suivent les standards de l'Aube Dorée, à l'instar du présent tarot. En d'autres mots, ils attribuent l'élément de l'air aux Épées et l'élément du feu aux Bâtons. Si cette association peut sembler inversée aux sorcières d'aujourd'hui, c'est pourtant l'imagerie classique. Pour ce tarot, je voulais que les dessins des cartes dégagent un style de sorcière, et que les images et significations soient facilement reconnaissables pour éviter toute confusion. Ainsi, la liseuse de tarot pourra enchaîner facilement les interprétations.

Au cours d'un tirage, devoir faire une pause, examiner une carte et se demander « Une minute, quelle est cette lame ? » est déconcentrant. Ou pire encore, devoir perdre du temps ou interrompre le tirage pendant que vous fouillez dans votre mémoire pour trouver une image plus classique ou plus familière d'une lame, afin de transposer ensuite sa définition au tarot que vous utilisez en ce moment.

En conclusion, les arcanes mineurs — tant les cartes numérales que les figures — nous montrent les problèmes courants, quotidiens et les personnalités auxquels nous avons affaire et sommes confrontées dans nos vies. Les lames mineures donnent un sens aux événements et clarifient les défis auxquels nous faisons face, et nous éclairent sur les questions courantes que nous nous posons.

Les Coupes

La tasse enchantée de la vie miroite près du bord.

Lord Byron

L'enseigne des Coupes symbolise l'élément de l'eau et toutes les associations magyques qui découlent de cet élément, telles que les capacités psychiques, l'amour et l'émotion. Les lames de Coupe empruntent la voie de la compréhension grâce à l'amour, à l'inspiration et à l'imagination. Cette enseigne illustre la force des émotions, de l'amitié, de la famille, de l'amour et des relations. Elle explore la nature des connexions qui nous unissent. L'élément de l'eau, dans toutes ses nombreuses formes, est mis à l'honneur dans cette enseigne — des ciels brumeux et pluvieux aux mares, fontaines, lacs placides, fleuves et rivières, cascades, superbes plages et océans ténébreux. En outre, nous rencontrerons quelques-unes des créatures magyques qui les peuplent. Les êtres élémentaires associés aux Coupes et à l'eau sont les sirènes, et elles font leur apparition dans cette enseigne. Certaines des créatures associées à l'élément de l'eau sont également représentées dans l'enseigne des Coupes — cherchez les dauphins et un poisson avec un secret.

Les images des lames comportent également des plantes, des arbres, des fleurs et leur magye respective. Les fleurs montrées dans l'enseigne des Coupes, telles que les digitales, les nénuphars, les iris, les violettes, les pensées et les roses, sont associées à l'élément de l'eau. Il y a également une citrouille lunaire et un saule, tous deux également associés à l'élément de l'eau. Chacun de leurs messages est expliqué dans les significations individuelles des cartes.

L'enseigne des Coupes est associée aux personnes nées sous un signe d'eau du zodiaque : Cancer, Scorpion et Poissons. Sur le plan physique, les figures de l'enseigne des Coupes représentent les gens qui ont les cheveux variant entre le châtain et le blond, et les yeux bleus ou verts. En outre, les personnes qui sont attirées par l'enseigne des Coupes peuvent être romantiques, sensibles, dotées de pouvoirs psychiques et d'empathie, et peuvent se laisser guider par leurs émotions. Ces personnes sont les rêveurs et les mystiques du monde.

As de Coupe

L'As de Coupe flotte à la surface d'un lac miroitant à l'aube. La coupe en argent, ornée d'un dessin stylisé de coquille Saint-Jacques, est entourée par des fleurs roses et des feuilles vertes de nénuphar. La coupe déborde toute seule et quatre filets d'eau — un pour chaque direction et élément — coulent par-dessus le bord de la coupe en argent et se jettent dans le lac, renvoyant l'eau à sa source. À l'arrière plan, le soleil se lève au-dessus du bord de la coupe, signalant le commencement d'une nouvelle journée. L'élément féminin de l'eau est le point central de cette lame. La coupe, ou calice, est un symbole vénérable du Divin féminin. La coupe est considérée comme la matrice d'où toute vie découle. Cet as est une lame de bon augure pour les relations personnelles, étant donné que l'enseigne des Coupes est associée à l'amour et aux émotions. L'As de Coupe symbolise également des occasions qui se présentent à l'improviste et le développement affectif, ainsi que les dons qui l'accompagnent. L'As de Coupe nous dit qu'il est maintenant temps d'avoir de nouveaux projets innovants, l'inspiration divine, une nouvelle histoire d'amour, une nouvelle vie et de nouveaux départs.

Significations

L'As de Coupe est la forme la plus puissante et la plus pure de l'élément féminin de l'eau. Si l'As de Coupe apparaît dans un tirage, il est synonyme de naissance, de croissance, d'amour et de clairvoyance. Cette lame apparaît souvent lorsqu'une grossesse est sur le point d'être annoncée ou confirmée. Toutefois, l'As de Coupe représente plus qu'une naissance physique. Il symbolise des noces, un mariage heureux, une relation saine et une famille unie. Il peut aussi être symbole de croissance et de guérison émotionnelles. Souvenez-vous également que l'élément de l'eau est associé aux pouvoirs psychiques, à la créativité, à l'imagination et à l'épanouissement spirituel et émotionnel. Plongez votre regard dans la surface de cette coupe en argent débordante… quelles nouvelles, charmantes choses sont sur le point de naître dans votre monde ?

Mots-clés : Naissances, noces, nouvelles réjouissantes et célébrations. Histoire d'amour et relations. Début affectif. Pouvoirs psychiques, créativité et guérison. L'élément de l'eau.

Inversée : Égoïsme. Votre amour-propre se met en travers de votre réussite.

Deux de Coupe

Un homme et une femme se tiennent devant un superbe lac calme et miroitant. Ils se font face, se sourient et sont heureux. La robe de la femme, aux longues manches flottantes, est bleu océan. Les vêtements de l'homme affichent des nuances de bleu et de vert délavées, clin d'œil à l'élément dominant de l'eau que représentent les lames de Coupe. Dans leur main en avant de la scène, ils tendent tous deux une coupe en argent et lèvent leur verre à l'autre. Leurs mains en retrait sont liées au niveau du poignet à l'aide d'une corde dorée, symbolisant leur union des mains. À l'endroit où les bords des coupes en argent se touchent irradie une lumière vive, rayonnante.

L'homme et la femme portent une couronne de fleurs dans les cheveux, composée de violettes, roses blanches, pensées blanches et mauves et de lierre vert foncé. Les violettes sont consacrées à la déesse Vénus et ces fleurs témoignent d'un amant fidèle. Les roses blanches qui constituent les couronnes du couple symbolisent les nouveaux départs et le grand amour. Les riantes pensées blanches et mauves nous révèlent que le couple partage de tendres pensées, et le lierre représente la fidélité des vœux de mariage tenus pour sacrés.

Significations

Le Deux de Coupe représente les relations entre deux personnes. Cette lame symbolise l'équilibre et l'égalité. Il s'agit d'une union magyque qui lie le cœur, le corps et l'esprit de la meilleure manière possible. Si cette lame se glisse dans un tirage, elle symbolise une histoire d'amour et un engagement, une relation amoureuse ou un mariage heureux. Cette lame peut aussi annoncer l'imminence d'un mariage ou d'une cérémonie d'union des mains, en fonction des lames qui tombent dans le même tirage, tel que le Quatre de Bâton. Le Deux de Coupe peut également désigner une amitié proche ou un partenariat d'affaires fructueux et heureux. Il illustre l'espoir d'un nouveau cheminement ensemble en tant que couple et nous montre que les occasions sur le plan affectif, aussi bien pour une relation d'amitié et de soutien qu'un véritable amour durable, se renouvellent toujours.

Mots-clés : Histoire d'amour. Un engagement, une union des mains, un mariage ou une réconciliation. Un partenariat. Égalité et grand amour.

Inversée : Problèmes dans votre relation. Disputes, querelles. Séparation ou divorce.

Trois de Coupe

Un coven composé de trois femmes, se tenant face à face, est rassemblé. Chaque femme tient une coupe en argent, comme si elles étaient en train de célébrer et lever leur verre à la réussite de leur groupe. Pour renforcer davantage la présence de l'élément de l'eau et de sa magye, une cascade et une rivière coulent à l'arrière-plan. Les femmes portent des robes flottantes aux couleurs vives, ornées de symboles mystiques. Leurs bijoux magyques en argent scintillent à la lumière du soleil tandis qu'elles semblent tranquillement occupées à célébrer un sabbat, peut-être le solstice d'été, dans le jardin.

Les trois femmes sont entourées de plusieurs types de fleurs magyques. Chacune des fleurs sur cette lame est associée à l'élément de l'eau. Les grandes digitales rose-mauve représentent la magye et la protection féériques. Les iris murmurent des messages magyques et témoignent sans bruit de la communication qui circule entre les membres du coven. Les pensées montrent qu'elles s'apprécient toutes les unes les autres, alors que les violettes sont des bénédictions de la Déesse et des fées. Enfin, les roses roses annoncent une véritable amitié durable. Cette lame illustre la puissance du chiffre trois et comprend trois trios : les trois femmes, les trois coupes et les trois grandes tiges de digitale magyque.

Significations

Si cette lame se glisse dans un tirage, elle rappelle les liens de magye et d'amitié, et illustre la puissance du trois. Pour le moment, votre magye se manifeste, que vous ayez lancé vos sortilèges en solitaire ou en compagnie de vos amies et membres bien-aimées de votre coven. La magye est partout, et elle est à l'œuvre. Le Trois de Coupe est une promesse de croissance, de réussite et de créativité. Vos objectifs se réalisent. Cette lame représente une amitié magyque qui apporte joie et enchantement à votre vie. Elle peut aussi désigner un développement spirituel ou psychique, l'accession à un rang supérieur dans votre coven ou la progression dans vos études de la magye.

Mots-clés : Un heureux événement. Un rassemblement d'amis, de membres de la famille ou du coven pour célébrer. La puissance du trois et la magye de la manifestation. Observation des sabbats, partage d'expériences. Progression en magye, développement psychique, les liens d'une amitié magyque saine. Croissance, réussite, créativité.

Inversée : Égocentrisme. Dissension au sein du coven. Votre magye s'est heurtée à des obstacles.

Quatre de Coupe

Un jeune garçon, assis sur les rives d'un lagon, boude sous un saule pleureur. Une cascade occupe l'arrière-plan. Bien que ce soit une belle journée marquée par un ciel bleu et des nuages cotonneux, les bras du garçon sont croisés sur sa poitrine et sa tête est baissée. Devant lui reposent trois coupes en argent, et il semble broyer du noir à leur propos. À côté du garçon, une sirène aux yeux bleus et aux cheveux blond platine tient une quatrième coupe, et elle est allongée dans les vagues. Les perles dans ses cheveux et autour de son poignet sont associées aux énergies lunaires et féminines, et représentent les rêves de ce qui peut encore être. La sirène élémentaire est blonde, alors que le garçon est brun, et ils forment un contraste — toutefois, ils affichent des expressions très similaires. Peut-être imite-t-elle l'expression du garçon dans l'espoir de lui arracher un sourire ? La sirène agite sa superbe queue rayée de bleu et de vert derrière elle, attendant patiemment que le garçon lève les yeux et qu'il voie les occasions à sa portée — pour accepter l'aide qu'elle essaie de lui proposer. Le saule sur cette lame est associé à la Lune et à l'élément de l'eau. Dans le langage des fleurs, le saule représente la patience.

Significations

Cette lame illustre l'ennui et le sentiment d'être enlisé dans la routine ou de ne pas être satisfait de votre vie. Néanmoins, aventure, changement et assistance vous sont proposés — il vous suffit d'ouvrir les yeux pour découvrir et apercevoir ces nouvelles possibilités enchanteresses. Vous allez recevoir de l'aide d'une source inattendue. Secouez-vous ! Soyez reconnaissante pour les bénédictions dans votre vie et réévaluez votre situation actuelle.

Mots-clés : Sortez de cet état de découragement qui vous hante ! Changement, aventure et occasion vous attendent. Arrêtez de vous morfondre et faites quelque chose de positif. L'aide provient d'une source inattendue.

Inversée : Apitoiement sur soi-même, complaisance envers soi-même, dépression.

Cinq de Coupe

Une magnifique créature élémentaire, à savoir une sirène, est sur le rivage, assise sur des rochers. Elle est maussade, dangereuse, impétueuse et clairement lasse de son monde. Sa chevelure et ses écailles sont d'un turquoise profond, intense et chatoyant. L'humeur de la sirène semble déteindre sur la mer, également d'un bleu-vert foncé, trouble. Les vagues déferlantes frappent les rochers derrière elle, reflet de son humeur turbulente, et la sirène est entourée d'une collection de ses trésors issus de la mer. Elle ne prête aucune attention aux pièces d'or, et sa couronne lunaire de perles ne lui apporte aucune joie. Il y a cinq coupes en argent devant elle. Tandis que deux des coupes sont debout, trois ont basculé et déversent de l'eau qui retourne à la mer. La sirène a l'air malheureux, comme si ses trésors ne lui apportaient plus aucun plaisir. À l'instar du conte populaire classique de la sirène qui rêve de vivre sur la terre ferme et de quitter son royaume aquatique, cette sirène a tourné le dos à la mer et rêve de quelque chose d'inaccessible.

Significations

Cette lame symbolise le mécontentement, le pessimisme et le désir ardent de quelque chose que vous ne pourrez jamais avoir. Sur les cinq coupes en argent représentées sur cette lame, deux sont toujours pleines. Il est intéressant de noter que la plupart des gens remarquent seulement que trois des coupes ont répandu leur contenu. Si cette lame s'échoue dans un tirage, elle vous avertit qu'ennui, légère déception et humeur maussade prennent le dessus dans votre vie. Vous voulez quelque chose d'inaccessible ou qui vous sera nuisible à long terme. La situation peut vous sembler terrible pour le moment et des choses qui vous procuraient de la joie auparavant peuvent désormais vous paraître inintéressantes, mais il est temps de cesser d'être mélodramatique et de regarder attentivement autour de vous. Les options et les occasions ne manquent pas. Puisez dans l'élément de l'eau, chassez votre mélancolie et trouvez paix et réconfort.

Mots-clés : Mécontentement, déception, idées noires, humeur maussade, mélodrame. Vouloir des choses que vous ne pouvez pas avoir ou qui ne vous seront pas bénéfiques à long terme. Laissez l'élément de l'eau chasser votre mélancolie.

Inversée : Perte, remords, légère dépression, tristesse.

Six de Coupe

Deux adorables enfants blonds, un frère et une sœur, sont tranquillement assis dans l'herbe verte, au milieu de trèfles, par un radieux après-midi d'été. Ils ont disposé des œillets de poète dans six coupes en argent. Les enfants portent tous deux des vêtements d'une nuance de bleu qui rappelle l'eau, pratiques et résistants pour jouer dehors. Une pompe déverse de l'eau pour boire, au cas où les enfants en désireraient, et une rivière tranquille et peu profonde traverse doucement le paysage. Le ruisseau est assez profond pour barboter, mais ne représente aucun danger pour les enfants qui jouent à côté. Un paisible ciel bleu et une chaumière sont visibles à l'arrière-plan. La scène illustre un moment simple caractérisé par la tranquillité, l'enchantement et l'innocence. Le frère et la sœur se forgent de bons souvenirs en jouant ensemble. La vie est simple et les enfants sont très proches de la magye. Les enfants ne remettent jamais la magye en doute… Elle existe, c'est tout. Sur cette lame, l'imagination domine leur monde. Les souvenirs qu'ils se construisent sont joyeux et doux. Dans le langage des fleurs, les œillets de poète représentent l'enfance et les doux souvenirs.

Significations

Cette lame symbolise les souvenirs heureux de l'enfance, de vieux amis, de la famille et de votre passé. Elle peut désigner des réunions — une visite-surprise d'un membre de la famille ou d'un camarade de classe que vous n'avez peut-être pas vu depuis des années, un ami oublié de vos anciens lieux de prédilection, un membre d'un ancien coven qui a déménagé, ou un petit ami d'enfance qui pourrait réapparaître dans votre vie. La lame du Six de Coupe peut également vous avertir que vous devez vous laisser émerveiller davantage comme un enfant par le monde qui vous entoure. Laissez votre imagination vous guider vers un nouveau projet créatif. Croyez de nouveau en la magye.

Mots-clés : Souvenirs heureux, vieux amis, enfance, réunions de famille et d'école. Laissez libre cours à votre imagination. Retrouvez la foi en la magye.

Inversée : Souvenirs malheureux. Sentiment de tristesse causé par une rupture. Ne plus exercer la magye avec plaisir.

Sept de Coupe

Sept coupes en argent sont disposées sur un banc de nuages. Chaque coupe contient quelque chose de merveilleux, de magyque et de différent. Un magicien à la barbe et aux cheveux blancs, le nez chaussé de lunettes demi-lune, occupe l'avant-plan. Il est revêtu de longs vêtements flottants bleu pâle brodés de symboles magyques. Le magicien porte un haut chapeau pointu et vous fait signe de sa main ouverte comme s'il vous encourageait à tendre la main et à choisir l'une des sept coupes en argent. Le magicien vous offre un choix. Tous ces choix sont aussi merveilleux les uns que les autres et représentent quelque chose de différent. Une coupe contient un minuscule dragon rouge ailé. Un petit chaton noir est assis dans la plus haute coupe. La troisième coupe présente un minuscule château de conte de fées, et un petit arc-en-ciel sort d'une quatrième coupe. Une cinquième coupe contient des bijoux et des pièces d'or, tandis qu'une minuscule sirène se prélasse dans une sixième coupe. Un papillon monarque s'envole de la septième et dernière coupe.

Significations

De nombreux choix merveilleux se présentent à vous. Voici la lame des rêves, des symboles et des signes prémonitoires. Prenez un moment et choisissez l'une des sept coupes ; puis poursuivez votre lecture et voyez ce que cette coupe vous révèle sur vous-même. Le dragon rouge représente le pouvoir de transformation et l'élément du feu ; quel genre de passion et de pouvoir pouvez-vous manifester dans votre monde ? Le chaton noir vous donne l'occasion d'œuvrer plus étroitement avec le royaume animal et de trouver votre propre compagnon magyque. Le château de conte de fées de la troisième coupe vous offre la stabilité, le confort et la magie d'un doux foyer. La quatrième coupe vous montre un arc-en-ciel : il est temps de développer vos aptitudes à communiquer et de voir quels messages vous attendent sur l'arc-en-ciel magyque d'Iris de la lame de la Tempérance. La cinquième coupe contient des bijoux et des pièces d'or, vous invitant à vous retrancher et à exercer la magye avec l'élément de la terre ; concentrez-vous sur les cristaux, les pierres, les minéraux et les métaux. Dans la sixième coupe, une minuscule sirène vous invite à vous enfoncer plus profondément dans le royaume de l'élément de l'eau ; acceptez vos dons psychiques et vos émotions, et voyez où ils vous mènent. La dernière coupe avec le papillon vous renvoie à l'élément de l'air. Aiguisez votre esprit, affinez vos instincts et écoutez votre intuition. Quel genre de nouvelles connaissances l'élément de l'air insufflera-t-il dans votre monde ?

Mots-clés : Choix. De nombreuses options merveilleuses se présentent à vous — choisissez l'une de ces coupes et leurs leçons pour vous-même.

Inversée : Ne vous laissez pas berner en prenant une décision pour quelqu'un d'autre ; ils en viendront à vous le reprocher. Indécision, fantaisie, illusion.

Huit de Coupe

À l'avant-plan, huit coupes en argent reposent sur le littoral, toutes soigneusement équilibrées et empilées en rangées. Derrière les huit coupes, on voit une jeune femme, parée d'une cape de voyageur bleue, qui a glissé un brin de pois de senteur en fleur dans ses cheveux. La jeune femme s'éloigne des coupes, les laissant derrière elle, et longe le bord de l'eau. Le fait qu'elle marche dans un endroit entre les deux éléments est lourd de sens ici. Elle se trouve à la limite d'un royaume et du suivant, à savoir la terre et la mer. Une brise invisible souffle dans sa cape et l'agite un peu derrière elle. Un croissant de lune brille dans un ciel nocturne où scintillent huit minuscules étoiles. De hautes falaises se profilent au loin, mais la voyageuse garde les yeux sur l'horizon. Elle a choisi d'abandonner des choses qui ne sont plus nécessaires ou qui lui sont préjudiciables. Tandis qu'elle parcourt la plage, un dauphin l'épie en bondissant hors de l'eau. En Grèce antique, le dauphin était considéré comme un messager. Il apparaît sur cette lame comme s'il vérifiait la progression de la femme. La jeune femme passe à autre chose et va de l'avant. Les fleurs dans ses cheveux sont symboliques ; dans le langage des fleurs, les pois de senteur roses symbolisent le départ.

Significations

Cette lame symbolise le besoin de passer à autre chose dans votre vie. Ce besoin d'aller de l'avant peut prendre la forme d'un déménagement physique, par exemple déménager pour un poste ou emménager dans une nouvelle maison, ou d'un changement émotionnel. Quoi qu'il en soit, on devrait tenir compte du message du Huit de Coupe. S'il s'agit d'un changement émotionnel, fixez des limites saines. Laissez le passé derrière vous et avancez avec détermination vers un endroit meilleur, plus heureux et plus sain. Si vous bougez physiquement, avancez et appréciez les changements positifs dans votre vie.

Mots-clés : Aller de l'avant dans votre vie, laisser le passé derrière vous, fixer des limites saines.

Inversée : Renoncer à la réussite ; risque de prendre une mauvaise décision.

Neuf de Coupe

Neuf coupes en argent sont disposées en arc de cercle en travers d'une table de banquet nappée. Derrière la table se tient une belle femme vêtue d'une robe bleu vif et vert clair qui affiche un sourire béat. Elle verse du vin dans l'une des neuf coupes comme pour vous souhaiter la bienvenue au festin. L'hôtesse a des plumes de paons mystiques et une fleur bleue dans les cheveux, et un collier composé de neuf pierres autour du cou. La nappe est turquoise pâle, et des étoiles de mer et des coquillages sont brodés dans le motif du tissu pour constituer un lien visuel avec l'élément de l'eau. Des ananas, des raisins, des pommes et une citrouille sont habilement disposés sur la table, comme si une célébration était sur le point d'avoir lieu. L'ananas est un symbole classique d'hospitalité. La citrouille, les pommes et les raisins traduisent la générosité de la saison de la récolte, et la citrouille est associée à la Lune et à l'élément de l'eau. À l'arrière-plan, un chaudron — un symbole classique de la Déesse — mijote dans l'âtre.

Significations

Si le Neuf de Coupe apparaît dans un tirage, attendez-vous à ce que votre agenda social se remplisse. C'est la lame de l'« hospitalité ». Elle symbolise aussi la bienvenue et confirme que vous tiendrez un événement ou organiserez une fête pour la famille et les amis. Si elle apparaît avec le Quatre de Bâton dans un tirage, attendez-vous à être très occupée par des plans sociaux pendant les mois à venir. Le Neuf de Coupe annonce que vous pouvez vous retrouver à organiser un sabbat ou la célébration d'un esbat pour votre coven. Cette lame peut aussi représenter les rassemblements d'une communauté. Ne soyez pas surprise si vous vous retrouvez impliquée dans l'organisation et la gestion de la célébration du sabbat ou d'un événement communautaire. Laissez les préparatifs et projets vous procurer du plaisir, et non pas vous stresser. En outre, cette lame est parfois appelée « la lame des souhaits ». Un souhait est sur le point d'être exaucé.

Mots-clés : Hospitalité, communauté, bienveillance. Rassemblements, festivités. Un souhait sera exaucé. Des célébrations agréables avec la famille, le coven et les amis.

Inversée : Suffisance, fierté feinte. Vous n'êtes pas aussi populaire que vous le pensez. Antipathie.

Dix de Coupe

Un homme blond et une femme aux cheveux bruns se tiennent sur les rives d'une rivière sinueuse. Bras dessus bras dessous, ils regardent le ciel bleu où un arc-en-ciel éclatant brille au-dessus de la famille. Dans l'arc-en-ciel se trouvent 10 coupes en argent. Chaque parent a un bras levé comme s'il célébrait. Pendant qu'ils s'étreignent, leurs trois jeunes enfants dansent gaiement en cercle à côté d'eux, main dans la main. Les enfants ajoutent de l'énergie et de la vitalité à cette lame. Alors que les parents célèbrent calmement, les enfants par contre tournent en rond, envahis d'une joie trop importante pour la contenir. Les enfants ont besoin de rire, de bouger et de danser dans les fleurs.

Des verveines roses poussent joliment dans la prairie environnante et autour de la famille. Au loin, des saules verts et une jolie maison de campagne sont visibles sur une colline. La rivière de cette lame symbolise les émotions heureuses qui imprègnent cette scène. La jolie maison de campagne sur la colline est un symbole évident d'un foyer joyeux. Le saule est associé à la magye de la Déesse et à l'élément de l'eau. Enfin, dans le langage des fleurs, la verveine rose signifie un lien familial heureux.

Significations

Si le Dix de Coupe scintille dans un tirage, c'est un bon présage. C'est la lame de la famille heureuse et du mariage réussi ou de la relation stable. Cette lame symbolise aussi le lien d'amitié, la camaraderie de la communauté ou les liens émotionnels qui se forment au sein d'un coven heureux dont les membres sont proches. Naturellement, maintenir ces bonnes relations demande effort et attention, mais l'issue sera positive et heureuse. Célébrez les relations fondées sur l'amour dans votre vie. Les amis et la famille sont précieux ; chérissez-les.

Mots-clés : Amour, imagination, épanouissement. Joie, bonne humeur, famille heureuse. Bonne vie de famille, bien-être et joie. Amitié, coven heureux ; faire partie de la communauté magyque.

Inversée : Mécontentement ; ne pas voir la magye ou la joie dans votre vie. Se sentir étrangère à votre famille ou coven. Faire office de bouc émissaire.

Valet de Coupe

Le Valet de Coupe est montré ici comme une jeune adolescente sur le point de devenir une femme. Le valet est plein d'optimisme et de curiosité, et la bonne humeur éclaire ses yeux noisette. Sa chevelure brun doré est partiellement tirée vers l'arrière par un bandeau de coquillages, tandis que sa robe turquoise pâle et ses boucles d'oreille en forme d'étoile de mer en argent montrent son lien avec l'élément de l'eau. Autour du cou, elle porte un simple collier de verres de mer. Des deux mains, le Valet de Coupe tend une coupe en argent devant elle. À l'intérieur de la coupe, un poisson bleu est apparu et lui murmure des secrets. Le poisson invite le valet à regarder à l'intérieur pour adopter l'élément de l'eau et à explorer ses talents intuitifs, magyques et psychiques. Derrière le Valet de Coupe, on voit un ciel bleu vif et l'océan. Autour du valet, on voit une vague taquine et étincelante en forme de croissant de lune. C'est un autre clin d'œil aux pouvoirs féminins de la Lune et à son magnétisme sur les marées de l'océan et son pouvoir sur nous tous. Le valet ne s'inquiète pas au sujet de la vague ; elle se réjouit de son éclaboussement taquin. Après tout, tout ça fait partie du processus d'apprentissage. Elle est prête à se plonger dedans et à entamer ses études. Les aventures et le voyage du Valet de Coupe sur sa nouvelle voie magyque viennent à peine de commencer.

Significations

Si la lame du Valet de Coupe vient éclabousser un tirage, elle vous avertit que de nouveaux talents intuitifs sont sur le point de se manifester. Mettez ce temps à profit pour explorer vos dons. Plongez-vous dans l'exploration de votre intuition, votre empathie, votre clairvoyance et vos autres talents psychiques. Cette figure peut aussi symboliser un étudiant qui commence tout juste ses études des arts magyques. Accueillez le plaisir de la découverte et remettez un peu de joie dans votre art. À l'instar de toutes les autres figures, le valet peut représenter une personne réelle. En règle générale, il s'agira d'un jeune aux cheveux blonds ou châtains et aux yeux bleus, noisette clair ou verts.

Le message du Valet de Coupe est d'explorer vos talents magyques et psychiques. N'oubliez pas que la magye est une chose joyeuse !

Mots-clés : Imagination. Un étudiant qui entame des études magyques ou psychiques ; découvrir de nouveaux talents psychiques ou magyques, accueillir l'espoir et redécouvrir la joie de votre art.

Éléments associés : L'eau et la terre. L'eau est l'élément naturel rattaché à l'enseigne des Coupes, tandis que les quatre valets sont associés à l'élément concret de la terre.

Inversée : Ignorer votre intuition et vos dons psychiques. Refus de s'investir dans vos études magyques.

Cavalier de Coupe

Le beau Cavalier de Coupe se promène tranquillement à cheval dans une prairie verte. Un château est visible au loin, et des nuages s'amoncellent à l'arrière-plan. Chevauchant un magnifique cheval gris, le cavalier suit une rivière miroitante en direction du château. Le cavalier blond regarde dans une coupe en argent qu'il tient d'un air rêveur, comme s'il voyait quelque chose se refléter à l'intérieur. La coupe tenue par le cavalier sur cette lame peut être considérée comme le Graal, un symbole traditionnel du Divin féminin.

Même si le Cavalier de Coupe ne laisse voir aucune épée, il porte tout de même une armure en argent et une belle cape bleue flottante. Ce cavalier est élégant, pas belliqueux. Pour renforcer son lien avec l'élément de l'eau, les brides du cheval sont ornées d'un motif de vagues. Les sirènes héraldiques à deux queues brodées sur sa cape symbolisent l'éloquence, la loyauté et la vérité. La sirène est Mélusine, un esprit élémentaire des sources et des rivières. Le Cavalier de Coupe peut être maussade et passionné, mais il suit toujours son cœur. Il est symbole d'amour courtois et d'honneur.

Ce cavalier pourrait vous emmener dans sa quête. Comment pensez-vous que ça irait ? Il peut vous entraîner dans une aventure romantique ou être votre ami et allié, vous accompagnant lors d'un déplacement ou d'un voyage spirituel.

Significations

Un jeune homme romantique et intuitif aux cheveux blonds et aux yeux verts ou bleus arrivera bientôt. Cette figure représente souvent un homme sensible, galant et chevaleresque. Il est perspicace, doté d'empathie et peut-être un peu réservé. Il protège soigneusement ses sentiments, ce qui est illustré par son armure. Le Cavalier de Coupe est caractéristique de quelqu'un de fidèle et vrai, qui croit en la magye, la galanterie et l'honneur. Il est le meilleur ami qu'une personne pourrait espérer avoir, et il aimera probablement une seule fois, d'un amour profond. Cette lame apparaît souvent lors d'une demande en mariage ou d'un rendez-vous galant imminent. Cette lame symbolise aussi le mouvement et le voyage, ou encore un acte de gentillesse ou de galanterie. Attendez-vous à de l'amour, des visions de l'avenir, de la magye et de nouvelles occasions créatives.

Le Cavalier de Coupe vous lance un défi : scruterez-vous la surface de la coupe pour voir ce qui va se passer ou pour chercher à apercevoir votre futur amant ? Laissez-vous porter par l'élément de l'eau et cherchez à obtenir votre réponse mystique.

Mots-clés : Un jeune homme romantique. Histoire d'amour, une demande en mariage ou un rendez-vous galant. Un acte chevaleresque, intégration du Divin féminin, rêves, une quête, mouvement et voyage.

Éléments associés : L'eau et le feu. L'eau est l'élément naturel rattaché à l'enseigne des Coupes, tandis que les quatre cavaliers sont associés à l'élément énergétique du feu.

Association astrologique : Poissons.

Inversée : Un homme infidèle. Vanité, tromperie. Un coureur de jupons, un flatteur.

Dame de Coupe

La Dame de Coupe enchanteresse siège sur un trône en coquillage et en corail, au bord de l'océan. Une brise océane taquine fait voleter ses cheveux blond platine en arrière et dégage son beau visage serein. Les petites vagues à l'arrière-plan, les magnifiques nuages cotonneux et le ciel bleu reflètent son état d'esprit calme et paisible. La Dame de Coupe est mystique et sereine. Elle porte une couronne en argent, sertie de perles et comptant sept pointes qui représentent les sept mers. Sa robe, aux motifs de coquillages et d'eau, est d'un bleu royal profond et est ornée d'une garniture de perles et d'argent. La dame tient la coupe en argent à l'aide de ses deux mains et la soulève à hauteur de ses yeux, comme si elle était en train de scruter la surface du liquide contenu dans la coupe.

La dame porte un collier de saphirs, d'argent et de perles royal et somptueux autour du cou. Les perles sont liées à l'élément de l'eau et aux rêves prophétiques, et l'argent est un métal réceptif. Les saphirs sont naturellement liés à l'élément de l'eau ; leur présence sur la couronne en argent de la dame et sur son collier renforce sa conscience psychique et est associée à l'amour et à la sérénité. Un petit bouquet de violettes des bois, de roses blanches et de digitales pourprées repose sur ses genoux. Les fleurs sur ses genoux correspondent à l'élément de l'eau. Les roses blanches symbolisent les émotions tendres ; les violettes, la fidélité ; et les digitales assurent une protection magyque. Les roses blanches éparpillées à ses pieds, sur la plage, sont laissées en guise d'offrande aux mers d'où la dame puise son pouvoir élémentaire.

Significations

Cette lame représente une femme mature qui est mystique, douée d'empathie, sensuelle, aimante et émotive. Cette femme née sous un signe d'eau est une épouse et une mère loyale, ainsi qu'une meilleure amie. En tant que sorcière naturelle, elle aime la nature, les animaux ainsi que ses enfants et son partenaire avec autant d'intensité. C'est une lame qui désigne une voyante douée et une femme dotée de puissants talents intuitifs et magyques. Physiquement, cette lame peut représenter une femme juste, aux cheveux blonds et aux yeux bleus ou verts. Cette lame est aussi liée à la lame de la Grande Prêtresse, car elles constituent toutes deux des lames de force et d'intuition féminines.

Si la Dame de Coupe s'échoue dans vos tirages, souvenez-vous que vos émotions influent sur tous vos talents psychiques. Le message de la Dame de Coupe a trait à la réflexion. Apaisez vos émotions et faites preuve de tendresse et de douceur. Laissez la guérison et la magye de l'élément de l'eau vous submerger et apporter des visions dans votre monde.

Mots-clés : Sérénité, amour. Une femme née sous un signe d'eau. Dévouement, une femme et mère aimante. Une sorcière naturelle ou une voyante douée. Réflexion, guérison émotionnelle, les dons de clairvoyance et d'empathie.

Éléments associés : L'eau et l'eau. L'eau est l'élément naturel rattaché à l'enseigne des Coupes, tandis que les quatre dames sont également associées à l'élément affectif de l'eau.

Association astrologique : Cancer.

Inversée : Vanité. Vivre dans un monde imaginaire et ignorer le monde réel. Suffisance, égoïsme, un vampire psychique.

Roi de Coupe

Le Roi de Coupe siège sur son trône, près de la mer. Pour honorer son élément et l'enseigne des Coupes, deux sirènes à deux queues et des coupes sont sculptées dans le trône. Ce roi élémentaire porte des vêtements royaux, finement ouvragés, aux nuances de gris argenté et de bleu royal, et une cape d'un mauve majestueux. Une sirène héraldique bleu turquoise vif est brodée sur le buste de sa tunique et des vagues argentées décorent l'ourlet de ses vêtements. La sirène représente l'éloquence, la loyauté et la vérité. La couronne en argent brillant du roi est sertie de saphirs et ornée d'une étoile de mer stylisée. Il porte également un collier de fonction en argent, incrusté de pierreries, de saphirs bleus et de perles. Les métaux et les pierres ont tous un lien avec l'élément de l'eau. L'argent est réceptif. Les saphirs bleus accroissent ses talents psychiques et sa faculté d'être affectueux et juste. Les perles lunaires sont un exemple des merveilleuses pierres précieuses de la mer. Les deux bras du roi reposent sur les accoudoirs du trône, ce qui montre qu'il est décontracté et maître de son domaine. Dans sa main droite, il tient une coupe en argent. Sa main gauche tient un sceptre surmonté d'un coquillage ; l'alliance qu'il porte à la main gauche nous indique également qu'il est marié. Le roi regarde droit devant lui comme s'il vous examinait attentivement en même temps que votre requête. Le Roi de Coupe sourit chaleureusement. Sa moustache, sa barbe et ses cheveux blonds sont mêlés d'une touche de gris, montrant qu'il est plus âgé et plus sage. À l'arrière-plan, on peut voir l'océan et les dauphins bondir gaiement hors de l'eau.

Significations

Un homme mature, sage qui a une longue pratique de l'Art. Cette lame représente une personne dotée d'un sens artistique, intuitive, créative et passionnée. Physiquement, ses cheveux sont entre le blond foncé et le châtain, avec une touche de gris, et ses yeux sont bleus ou verts. C'est un bon ami, un époux aimant et attentif, et un père dévoué. Le Roi de Coupe dispense de bons et solides conseils si on le lui demande. Cette lame peut représenter un homme réservé qui garde ses émotions pour lui, mais qui peut se montrer d'humeur changeante. Il est toutefois très sensible, et sous son épaisse carapace, il cache une personnalité très douce et tendre. Il voit souvent ce que les gens préféreraient garder secret. Cette lame représente une personne forte et juste, qui constitue un excellent médiateur et possède des talents psychiques.

La leçon enseignée par le Roi de Coupe est que la sagesse s'acquiert en regardant à l'intérieur de soi. Nuancer les conseils des autres avec compassion et tendresse.

Mots-clés : Un homme né sous un signe d'eau. Un homme marié, mature, qui a une longue pratique de l'Art. Un époux et un père aimant, un bon ami, un sage conseiller. Une personnalité créative. Les dons d'intuition. Sagesse qui découle de l'expérience.

Éléments associés : L'eau et l'air. L'eau est l'élément naturel rattaché à l'enseigne des Coupes, tandis que les quatre rois sont associés à l'élément sage et pensif de l'air.

Association astrologique : Scorpion.

Inversée : Difficulté à exprimer des émotions. Malhonnêteté, un amant dominateur, une personne profitant d'une autre qui a moins d'expérience.

Les Épées

Ne sors pas de chez toi sans ton épée — ton intellect.

Alan Moore

L'enseigne des Épées symbolise l'élément de l'air et toutes les associations magyques qui découlent de cet élément : sagesse, esprit vif et vérité. Les lames d'Épée indiquent une voie intelligente vers la compréhension, au moyen d'idées avant-gardistes, du savoir, de discernement et des pouvoirs de l'esprit. Cette enseigne illustre la force des émotions sombres, de l'activité mentale, de l'intelligence et de la prophétie. Elle développe l'étincelle originale d'une idée à travers la communication.

L'être élémentaire associé à l'air est la fée, donc si vous observez les lames d'Épée de plus près, vous remarquerez quelques fées ailées voletant çà et là. Des créatures ailées telles que les buses, les faucons, les oiseaux chanteurs et les libellules sont également liées à l'élément de l'air et feront leur apparition dans cette famille. De la magye végétale et florale est également intégrée dans les images de ces lames. Les fleurs représentées sont soit associées à l'élément de l'air — comme la lavande, le gui et le muguet —, soit à des messages propres au langage des fleurs qui sont pertinents pour la lame.

Dans l'enseigne des Épées, vous verrez des paysages intenses. Vous découvrirez de hautes montagnes, des lieux balayés par le vent, des boudoirs au clair de lune, des forêts au milieu de la nuit et des châteaux embrumés au loin.

L'enseigne des Épées est généralement associée aux personnes nées sous un signe d'air du zodiaque : Gémeaux, Balance et Verseau. Sur le plan physique, les figures de l'enseigne des Épées représentent des personnes aux cheveux bruns et aux yeux gris, verts ou noisette. En outre, les personnes attirées par l'enseigne des Épées tendent à être bavardes, sociables et cultivées. Ces personnes sérieuses et intelligentes se laissent guider par leurs pensées et leurs rêves. Ce sont les astucieux planificateurs et les habiles organisateurs de ce monde.

As d'Épée

Une unique épée en argent flotte dans les airs, à la verticale, et constitue l'objet principal de la lame. Juste derrière l'épée, une buse à queue rousse solitaire fend l'air. Une chaîne de montagnes embrumée est visible à l'arrière-plan. Le ciel bleu est parsemé de quelques doux nuages roses et l'aube commence juste à poindre. L'As d'Épée est associé à l'élément de l'air, au même titre que les montagnes, les lieux balayés par le vent et les rapaces. Les montagnes représentées sur l'As d'Épée nous montrent que bien que nous puissions être confrontées à des défis, nous pouvons triompher à force de patience et de persévérance. La buse de l'As d'Épée est une messagère. Elle nous invite à aller de l'avant, à être ouvertes à de nouvelles idées, et à découvrir notre pouvoir personnel et notre réel but dans la vie. La réussite est accessible ; vous devez lui tendre la main. Cette lame montre que la conscience spirituelle nous mène au-delà de l'imaginaire, vers une vérité vraie et durable.

Significations

L'As d'Épée est la forme la plus puissante et la plus pure de l'élément masculin de l'air. Si l'As d'Épée atterrit dans votre vie, il vous avertit qu'il est temps d'agir. C'est une lame d'intellect, d'héroïsme, de victoire, de justice, d'exploit, de nouveaux départs et de batailles victorieuses. Une autre des leçons les plus importantes de cette lame est que vous avez maintenant l'occasion d'adopter une nouvelle manière de penser. Redescendez sur terre et acceptez la réalité telle qu'elle est. La vérité blesse, mais parfois, elle peut aussi guérir et faire de la place pour une nouvelle réalité meilleure. La réussite est à votre portée ; la victoire est proche ; allez vous en emparer de vos deux mains !

Mots-clés : Réussite, vérité, conscience, victoire. Détermination. Agissez maintenant. Une perception claire mène à l'esprit et à une connexion plus intime avec le divin. L'élément de l'air.

Inversée : Illusion, confusion, cruauté, injustice. Ressaisissez-vous et efforcez-vous de trouver l'équilibre.

Deux d'Épée

Une femme aux cheveux bruns raides, avec une frange, est assise sur un banc en pierre devant un lac tranquille, à la tombée du jour. De belles montagnes sont visibles au loin. Un croissant de lune est accroché bas dans le ciel crépusculaire. La femme a les yeux bandés et ses bras sont croisés devant sa poitrine ; ses mains sont placées devant ses épaules, comme si elle protégeait son cœur ou qu'elle se condamnait. Elle porte une robe flottante couleur ivoire à garniture bleu ciel aux poignets. Même si elle est sérieuse et sur ses gardes, elle n'est pas une victime ; elle est pleinement consciente de ce qui l'entoure. En portant un bandeau, elle compte calmement sur ses autres sens accrus pour l'alerter en cas de danger. Ses manches se resserrent étroitement au niveau des poignets, ce qui dégage ses mains pour manier les épées. Elle est prête à frapper si besoin est. La femme est représentée au crépuscule, car elle se trouve dans un état intermédiaire. Elle tourne le dos à la lune et à l'eau pour montrer qu'elle a refoulé ses émotions, ou, du moins, qu'elle a décidé de faire la sourde oreille pour un temps. De petits massifs de lavande poussent de chaque côté du banc en pierre. Dans le langage des fleurs, la lavande symbolise la méfiance, qui est de circonstance pour cette femme. Aussi, la lavande est associée à l'élément de l'air et a un fort pouvoir protecteur quand elle pousse dans le jardin d'une sorcière. Deux fées volettent au-dessus de la lavande, de chaque côté de la femme. De façon intéressante, les fées sont tournées vers l'eau… peut-être aident-elles la femme à surveiller ses arrières.

Significations

Si cette lame apparaît dans un tirage, elle vous avertit que vous avez condamné votre cœur et vos émotions et que vous contenez vos sentiments. Vous refusez littéralement de voir ce qui est juste devant vous. Votre cœur dit une chose, tandis que la logique en dit une autre. L'eau sur cette lame représente vos émotions et leur refoulement. De la même manière que la femme a tourné le dos à ses sentiments, vous devez prendre conscience que vous êtes bloquée et que vous vous êtes fermée. Vous pensez peut-être être en situation d'équilibre, mais il n'y a aucune résolution. Regardez attentivement les deux faces du problème. Étudiez vos options : les barrières sont une bonne chose, mais ne vous isolez pas des autres. Soyez telles l'eau et les épées de cette lame : restez calme et reflétez comme l'eau pendant que vous surmontez cette situation, et soyez équilibrée comme les épées tandis que vous vous efforcez de trouver la stabilité et d'accéder à la compréhension.

Mots-clés : Le cœur et l'esprit ne sont pas en accord. Dresser des barrières malsaines, réprimer vos véritables sentiments, s'efforcer d'atteindre l'équilibre dans le cœur et l'esprit, étudier vos options.

Inversée : Être forcée de faire face à vos émotions refoulées. Conflit, injustice, obstination.

Trois d'Épée

Un énorme cœur rouge est transpercé par trois épées. À l'arrière-plan, on peut voir un ciel orageux et de lourds nuages chargés de pluie. Trois fées volettent autour du cœur, l'air abattu. Un couple de fées s'étreint comme pour se réconforter, alors que la troisième s'éloigne en volant. Des agérates bleus tombent du ciel pluvieux. Bien que le cœur soit un symbole d'amour, de vérité, de courage et d'éthique, les trois épées transperçant le cœur sur cette lame représentent malheureusement la trahison, la peine de cœur et le retard. Les nuages sombres, lourds, chargés de pluie symbolisent les émotions vives et les larmes présentes dans votre vie en ce moment. Dans le langage des fleurs, les agérates bleus signifient le retard. Cette lame illustre les temps les plus difficiles suivant une peine de cœur et l'angoisse de la perte et de la trahison.

Significations

Lorsque le Trois d'Épée sort dans un tirage, il cause une réaction viscérale. C'est une lame extrêmement rude ; il n'existe aucune manière polie ou douce de le dire. Lorsque le Trois d'Épée apparaît dans un tirage, c'est comme un coup bas dans le ventre. C'est douloureux. Cette lame, plus que toute autre, illustre la douleur et la perte que la consultante vit en ce moment. Ce que vous devez comprendre, c'est qu'il vous faudra prendre la peine dans votre cœur, l'accepter, verser vos larmes et puis passer outre. Une fois que vous aurez accepté cette douleur et éprouvé le chagrin, alors — et seulement alors — vous pourrez aller de l'avant. Cette lame peut aussi représenter le retard d'un projet et de plans ou les répercussions karmiques douloureuses engendrées par un sort manipulateur qui se retourne contre son lanceur.

Mots-clés : Retard, trahison personnelle, perte. Une période de drame et de larmes. Tristesse, conflit. Un sort qui s'est retourné contre soi.

Inversée : Destruction, dissension. Le processus de guérison est bloqué. Tant que vous ne surmonterez pas votre chagrin, vous ne pourrez pas passer à autre chose.

Quatre d'Épée

Une femme aux yeux noisette, vêtue d'une robe jaune aux garnitures mauves, se tient d'un côté de la scène. Une brise ébouriffe sa longue chevelure brune et des montagnes sont visibles à l'arrière-plan. Le motif de plumes sur le bas de sa robe jaune désigne l'élément de l'air. À sa droite sont exposées trois épées, soigneusement appuyées contre le mur d'un château. La femme semble un peu fatiguée et tient la quatrième épée pointée vers le bas, comme si elle cherchait un endroit où la déposer. Dans sa main droite, elle tient quelques petites branches de saule blanc. Dans le langage des fleurs, le saule blanc symbolise le rétablissement après une maladie et rappelle qu'il faut se reposer et se rétablir. Le lierre qui pousse sur les murs du château est associé à la guérison en magye. Des améthystes ornent le diadème, le collier et la ceinture travaillés de la femme. Cette pierre mauve enchanteresse favorise le sommeil réparateur, la guérison et les rêves agréables. Cette lame illustre que, bien que la femme prenne toujours soin d'elle et se montre sous son meilleur jour en portant sa jolie robe et ses beaux bijoux, la tension commence à être perceptible. Elle a soif de paix et de solitude.

Significations

Si le Quatre d'Épée sort dans un tirage, c'est un signe que vous devez vous accorder une pause — un peu de recul ou une journée de congé afin que vous puissiez récupérer l'énergie perdue et retrouver votre force. La consultante peut se sentir dépassée par les demandes et le stress. Elle ressent peut-être le besoin de partir et de se retirer de la routine quotidienne trop chargée de la vie. Cette lame symbolise qu'il faut que vous vous laissiez le temps de vous rétablir d'une maladie. Elle peut également représenter le besoin de prendre ses distances avec la magye de groupe pendant quelque temps. Vous avez peut-être besoin d'exercer en solitaire pendant un moment. Vous trouverez les solutions à vos problèmes magyques calmement et par vous-même.

Mots-clés : S'accorder une pause. Vous reposer et vous permettre de vous rétablir complètement d'une maladie. Récupérer de l'énergie perdue. Exercer la magye en solitaire pendant quelque temps et déterminer vos priorités.

Inversée : Sentiment d'être bannie d'un groupe. Rejet, épuisement.

Cinq d'Épée

Cinq épées sont dispersées dans un magnifique ciel bleu. Des nuages d'un blanc nacré sont illuminés, et juste sous le point de convergence des cinq épées se trouve une superbe libellule iridescente, un symbole de l'élément de l'air, du royaume féerique et de l'illusion. Cinq fées volent gaiement autour des épées, indifférentes à leurs côtés coupants et à tout danger potentiel. Mais d'après vous, quel est l'aspect le plus dangereux du Cinq d'Épée : les côtés coupants des épées, ou la ruse potentielle des fées ? Cette lame montre que votre fierté a été blessée, mais ce n'est pas mortel ; ne réagissez pas de manière excessive. Vous ressentez peut-être de l'embarras pour l'instant, mais pour l'essentiel, l'origine de cette humiliation n'est qu'une illusion. La libellule représente un besoin de voir les choses sous un nouvel angle et de changer. Les fées vous encouragent à pratiquer un peu l'autodérision, à ne pas vous laisser duper par la supercherie des autres et à continuer d'aller de l'avant.

Significations

Si le Cinq d'Épée apparaît dans un tirage, il signale que la consultante se sent humiliée et gênée. Il s'agit seulement d'un échec partiel ; elle maîtrise toujours la situation. N'abandonnez pas ! Remuez les choses et cherchez davantage de possibilités. Laissez l'élément de l'air vous apporter un peu d'air frais et un nouvel angle à votre vie. Écoutez le message de la libellule et ne vous laissez pas duper par les illusions des autres. Changez votre vie en quelque chose de lumineux et de merveilleux.

Mots-clés : Embarras, illusion, supercherie. Pratiquez l'autodérision et continuez d'aller de l'avant.

Inversée : Humiliation ; garder rancune ; conflit avec une personne autoritaire.

Six d'Épée

Un jeune homme est assis à l'arrière d'une petite embarcation en bois. Ses bras musclés sont nus. Il porte un débardeur pourpre et un pantalon gris tandis qu'il pagaie en direction d'une rive éloignée. Au loin, autour du lac, on peut voir des montagnes. Une brise dégage ses cheveux bruns de son visage, et seulement une petite partie de son profil droit est visible — l'homme est content et concentré sur son voyage. Pour lier davantage cette lame à l'élément de l'air, les flancs du bateau jaune sont décorés d'un motif de libellules. À l'intérieur du bateau en bois se trouvent six épées en position verticale, la pointe vers le bas, disposées soigneusement devant lui. Les épées n'abîment pas le bateau ; elles bouchent peut-être des trous. Ces épées représentent le fait que, bien que vos ennuis et tracas vous suivent où que vous alliez, vous n'êtes pas obligée de les laisser vous tourmenter. Le ciel bleu et l'horizon dégagé indiquent que c'est un moment opportun pour voyager.

Significations

Traditionnellement, si le Six d'Épée se glisse dans un tirage, il indique un voyage sur l'eau. Aujourd'hui, il révèle du mouvement et un progrès en tout genre. La consultante envisage peut-être un voyage d'affaires ou d'agrément. Cette lame vous indique que c'est un moment idéal pour du mouvement, du changement et l'expérience qu'apporte le voyage. Attendez-vous à un avancement, une amélioration de la situation actuelle, un nouveau travail, un emménagement dans une nouvelle maison, et, bien sûr, un voyage de plaisir. Profitez de la balade ; une route sans embûches vous attend.

Mots-clés : Voyage sur l'eau. Mouvement, un nouveau travail. Emménagement dans une nouvelle maison. Voyage d'agrément. Progrès, amélioration et route sans embûches en vue.

Inversée : Amélioration sur le court terme. Votre progression rencontre des défis. Retards ou complications dans le voyage.

Sept d'Épée

Un homme emporte cinq épées avec un petit sourire satisfait sur le visage. Il abandonne deux autres épées derrière lui, mais est très content du butin qu'il a réussi à obtenir. La tunique de l'homme est jaune doré, décorée de plumes légères au bas. Autour de son cou, on voit un pendentif en forme de pentacle droit. L'homme a l'air content de lui et des cinq épées qu'il porte, et il est sur le point de rire. Il s'est servi de sa débrouillardise, de sa confiance en lui et de son intelligence pour s'emparer de son butin et éviter toute résistance. Au loin, on voit des nuages orageux être chassés par le vent, et des tentes de fête colorées — peut-être des tentes de foire —, se dressent à l'arrière-plan. Une brise fait claquer les étendards de ces tentes tandis que l'orage et l'homme rusé quittent les lieux. Toutes les facultés associées à l'élément de l'air et à l'enseigne des Épées, telles que l'intelligence, la ruse et la prévoyance, sont illustrées sur cette lame.

Significations

Si la lame du Sept d'Épée survient dans un tirage, elle vous encourage à trouver de nouveaux procédés ou de nouvelles tactiques. Il est temps de faire preuve d'ingéniosité et de créativité. Cette lame désigne une personne intelligente et ingénieuse, qui évite ou fuit les confrontations. Ce faisant, elle coupe judicieusement l'herbe sous le pied de son adversaire. Abordez les choses sous un nouvel angle. Apportez une nouvelle réponse aux mêmes vieux problèmes. Soyez innovante et vous vivrez une victoire et effectuerez une percée importante.

Mots-clés : Nouveaux procédés, nouvelles solutions. Être innovante. Compter sur votre débrouillardise. Victoire partielle, dérobade, ruse, prévoyance.

Inversée : Laisser la peur vous empêcher de progresser. Ne pas saisir les occasions. Attitude craintive.

Huit d'Épée

Une femme vêtue d'une robe lilas est attachée, les yeux bandés. Une brise emporte sa chevelure brune et les pans du bandeau sur le côté et dégage son visage. Autour d'elle, huit épées sont plantées dans l'herbe, à différents endroits d'un cercle. À l'arrière-plan, on voit une rivière et le contour d'un château à travers le brouillard. La rivière illustre les émotions qui affluent sur cette scène, alors que le château enveloppé de brume représente des objectifs qui peuvent sembler difficiles à réaliser. Autour des épées et dans l'herbe pousse de la belladone en fleur. Dans le langage enchanteur des fleurs, la belladone symbolise les pensées fausses, sombres. La femme de cette lame pourrait se faufiler hors du cercle d'épées — elle dispose de plusieurs options —, mais la peur a pris le dessus. Elle semble figée, et à cause de ses pensées fausses, sombres ou de son imagination débordante, les choses paraissent pires qu'elles ne le sont réellement. Le ciel au dessus d'elle montre que le soleil se lève, et la lumière rose de l'aurore perce et commence à dissiper la brume. Elle devrait ôter ce bandeau, passer outre toute restriction perçue et se tourner face au jour nouveau.

Significations

Si cette lame apparaît dans un tirage, elle témoigne de restriction et du sentiment d'être prise au piège et triste en ce moment. Cependant, si la personne arrêtait de réagir de manière excessive, de s'apitoyer sur son sort et ôtait cette œillère émotionnelle, elle verrait une issue. Les choses ne sont pas aussi mauvaises qu'elles peuvent le sembler. Le bonheur est possible, le soleil est en train de percer et de nouvelles occasions peuvent se présenter. Cette lame peut aussi représenter une sorcière qui craint le rituel ou sa propre initiation. Pensez au défi classique lancé à la plupart des initiés aux yeux bandés : « Il est préférable de te jeter sur la lame que de pénétrer dans ce cercle le cœur transi de peur. Comment entres-tu dans le cercle ? » Ils doivent répondre sans peur, ou ils se voient refuser l'entrée au coven. Quelle leçon pouvez-vous tirer de cette lame ? Regardez à nouveau la description et le symbolisme, et trouvez vos réponses. Il n'y a pas de place pour la peur dans l'Art.

Mots-clés : Restriction, sentiment d'être prise au piège. Réaction excessive face à la situation. Les choses ne sont pas aussi mauvaises qu'elles le semblent ; vous pouvez vous sortir de cette situation. Peur de l'initiation ou du rituel.

Inversée : Sentiment d'impuissance totale, d'abattement. Légère dépression situationnelle. Quitter un coven par peur de l'inconnu.

Neuf d'Épée

Une femme en chemise de nuit est couchée de façon théâtrale dans son boudoir en pleine nuit. Elle a posé le dos de sa main sur son front, évanouie d'épuisement émotionnel ou physique. Elle est clairement abattue, et son autre main traîne mollement sur le sol. Sa longue chevelure flotte derrière elle, en travers des oreillers, et révèle une trace de morsure sur son cou : deux trous, telle une morsure de vampire. La lune décroissante illumine la fenêtre de style gothique, tandis que neuf épées sont disposées sur le mur, à la manière d'une cage, et l'empêchent de regarder par la fenêtre. Les primevères jaunes brodées sur la literie symbolisent le chagrin. La femme lève peut-être le bras pour atteindre le manche de l'épée du bas... Peut-être est-elle enfin prête à se défendre, à se libérer et à cesser de jouer la comédie. Ou peut-être a-t-elle besoin de s'apitoyer juste encore un peu sur son sort.

Significations

Voici la lame de la « comédienne ». Si elle apparaît dans un tirage, elle symbolise une personne qui a toujours des problèmes ou constamment en train de faire des histoires dans la dynamique d'un coven ou en société. Il peut s'agir d'un vampire émotionnel ou psychique, ou elle peut être elle-même la victime consentante d'une telle attaque. Puisque cette lame est le numéro neuf de l'enseigne, elle symbolise également que vous approchez de la fin du problème. Les choses ont atteint leur paroxysme et devraient commencer à se tasser — pour autant que vous vous gardiez de faire votre cinéma. Décidez de vous emparer de l'épée, d'être proactive et de vous défendre, vous et vos énergies personnelles. En outre, cette lame peut représenter les répercussions karmiques d'un mauvais jugement ou les répercussions d'un acte magyque manipulateur. Je vois cette lame comme une illustration parfaite de la magye néfaste qui s'est retournée contre son lanceur en trois fois plus fort.

Mots-clés : Lame de la « comédienne ». Vampire psychique ou émotionnel, ou victime. Magye néfaste qui s'est retournée contre son lanceur en trois fois plus fort.

Inversée : Suspicion, peur, anxiété. Fantasme morbide, comportement cruel. Vampire psychique indésirable ou impénitent.

Dix d'Épée

Le corps d'un homme gît dans l'herbe, face contre terre. Dix épées lui transpercent le corps. Il a des cheveux bruns et sa cape est grise. Derrière lui, le soleil se couche et un hibou aux yeux jaune vif, perché sur les branches noueuses et tordues d'un arbre, garde le corps. Le hibou, également une créature de l'élément de l'air, est un symbole classique de magye, de mystère et de sagesse intérieure. Le paysage à l'arrière-plan est sinistre, sombre et menaçant. Il y a tellement d'épées plantées dans l'homme que cette exécution doit être l'œuvre d'un groupe de gens. L'absence de sang sur la lame nous rappelle qu'il s'agit d'un acte symbolique, et non littéral. L'homme représenté ici a fait confiance à quelqu'un alors qu'il n'aurait pas dû, ou a ignoré son propre instinct, et maintenant il en paie le prix en ayant été trahi à maintes reprises. Un seul plant d'aconit mauve en fleur pousse près du corps. Dans le langage des fleurs, l'aconit nous avertit qu'un ennemi mortel est proche. Manifestement, cet homme n'a pas prêté attention à l'avertissement de la plante vénéneuse.

Significations

Si le Dix d'Épée tombe dans un tirage, vous devez vous demander pourquoi vous n'avez pas suivi votre instinct. Cette lame illustre de manière frappante le fait d'être poignardé dans le dos. Elle désigne une trahison commise par un être cher, un ami ou un membre du coven. Voilà ce qui arrive lorsqu'on ignore sa voix intérieure et ses mauvais pressentiments. Ignorer les avertissements et ne pas écouter votre instinct qui vous prévenait que des ennuis se tramaient vous a coûté cher. Cette lame peut également symboliser la fréquentation d'un groupe de gens toxique, par exemple dans un environnement de travail ou même dans un coven où vous n'êtes pas appréciée, mais, au contraire, où vous avez l'impression d'être une étrangère. Si votre instinct vous avertit que vous n'êtes pas à votre place, vous devez faire preuve de sagesse, tel le hibou, et quitter le groupe et toute sa négativité.

Mots-clés : Un coven où vous ne vous sentez pas acceptée ni appréciée. Un groupe de gens toxique. Trahison ; être poignardée dans le dos, ignorer vos instincts.

Inversée : Dommages physiques causés par un tiers. Un groupe de gens négatifs ou immoraux. Devenir injustement le bouc émissaire d'une famille ou d'un coven et tous ses problèmes.

Valet d'Épée

Un adolescent élancé se tient dans une plaine verte. Une forte brise soulève son pendentif en métal en forme de buse qu'il porte comme talisman autour du cou. Des deux mains, le Valet d'Épée tient une épée en l'air. Il se maîtrise pour l'instant et fait intensément le point sur la situation. Va-t-il frapper et se défendre, ou va-t-il déposer l'épée ? Les deux issues sont envisageables, dans la mesure où il semble vous mettre en garde et se préparer mentalement à l'éventualité d'une bataille en même temps. Sa chemise gris cendré est ornée d'une garniture jaune et de buses bleu pâle brodées sur les manches. Ce blason traditionnel symbolise son impatience et le fait qu'il ne s'arrêtera pas avant d'avoir atteint ses objectifs. Derrière lui, un ciel bleu et des nuages blancs, cotonneux des beaux jours. Au loin, à l'horizon, on peut voir des montagnes. Sur cette figure, l'élément de l'air est associé à l'intensité et aux réactions rapides, lunatiques du jeune garçon. Impossible de prédire s'il gardera son calme et réagira de manière appropriée.

Significations

Si cette lame atterrit dans un tirage, elle signifie que vous devez réfléchir rapidement et agir avec fermeté tout en maîtrisant votre humeur. Vous devez rester vigilante et être sur vos gardes, à l'affût d'ennuis ou de conflits, mais vous devriez vous servir de votre intelligence au lieu de recourir à la force brute. Vous êtes capable de mettre rapidement un terme aux idioties et aux petites disputes soit en agissant rapidement, soit en optant pour quelques mots bien choisis. Sur le plan physique, cette lame peut représenter une jeune personne impétueuse, impulsive et dynamique aux cheveux bruns et aux yeux verts ou noisette. La buse symbolise des messages, et si elle apparaît dans votre vie, c'est toujours un signe du divin selon lequel il faut prêter attention à ce qui se passe autour de vous.

Le message du Valet d'Épée est qu'il faut faire preuve de prudence, d'ingéniosité et de diplomatie en ce moment. Essayez d'abord d'user de diplomatie avant de vous en prendre à votre adversaire.

Mots-clés : Vigilance, prudence. Être sur ses gardes, à l'affût d'ennuis et de conflits. Mettre un terme à de petits conflits à l'aide de quelques mots bien choisis. Un jeune homme impétueux et intelligent.

Éléments associés : L'air et la terre. L'air est l'élément naturel rattaché à l'enseigne des Épées, tandis que les quatre valets sont associés à l'élément concret de la terre.

Inversée : Tension, actions irréfléchies. Recours à la force physique sans aucune nécessité.

Cavalier d'Épée

Le beau et jeune Cavalier d'Épée se lance dans la bataille, monté sur son cheval de guerre. Dans sa main droite, le cavalier brandit une épée tandis qu'il se jette en toute confiance dans la bagarre. De sa main gauche, il se cramponne légèrement aux rênes de son puissant frison. Il maîtrise de la situation et est au meilleur de sa forme. Le Cavalier d'Épée est un magnifique guerrier, dangereux et audacieux. La visière de son casque est relevée, le laissant voir venir les choses sans aucune gêne. Sa cape jaune vif flotte derrière lui, et son armure, qui a déjà bien servi, est d'un gris argenté foncé avec des touches de bleu. La cape du cavalier ainsi que la bride et la garniture du cheval sont jaunes et ornées d'un dessin de buse héraldique détaillé, un animal qui symbolise l'excitation et les sensations fortes procurées par la poursuite. Les couleurs et le blason illustrent clairement le lien du cavalier avec l'élément de l'air. À l'arrière-plan, derrière le cavalier et le cheval, on voit des nuages menaçants affluer au-dessus de la plaine. Toute la signification du Cavalier d'Épée tourne autour du courage, de l'impulsion, de la perspicacité, de la bravoure et du service. L'élément de l'air renforce la perception de vitesse ; la force et le mouvement vers l'avant du cavalier sont évidents. C'est une personne intrépide, et ses idéaux et croyances le propulsent en avant. Il défend ce en quoi il croit. Ce cavalier illustre les plus grandes qualités de l'enseigne des Épées, équilibre, énergie, intelligence et dynamisme, associées à la responsabilité.

Significations

S'il fallait résumer cette figure en deux mots, ils seraient « sans crainte ». Si cette lame surgit dans un tirage, attendez-vous à de l'excitation, du mouvement et de l'aventure. Il convient d'agir et il est temps pour vous de foncer et d'être l'héroïne. Cette figure représente un jeune homme passionné et énergique aux cheveux bruns et aux yeux gris ou noisette. Il s'agit d'une personne qui se montre intelligente et compétente en situation de crise. Elle est futée et dynamique, et possède une intelligence acérée. Elle peut se montrer un peu arrogante, mais ce trait de caractère fait partie de son charme. Cette lame est celle du soldat et du guerrier. Le Cavalier d'Épée surgira dans votre vie en apportant de l'exploration, de la communication, de nouvelles idées et du changement.

Le défi du Cavalier d'Épée est de vous défendre, vous et vos croyances. Mouvement et transformation rapides sont dans l'air — tenez bon et profitez de la balade.

Mots-clés : Sans crainte. Courage, impulsion. Changement et progrès rapides. Un homme intelligent, courageux et compétent. Levez-vous et défendez votre position.

Éléments associés : L'air et le feu. L'air est l'élément naturel rattaché à l'enseigne des Épées, tandis que les quatre cavaliers sont associés à l'élément énergétique du feu.

Association astrologique : Gémeaux.

Inversée : Conflit, agressivité mal à propos, aucun progrès.

Dame d'Épée

La belle Dame d'Épée siège au sommet d'une haute montagne, et des nuages blanc éclatant tourbillonnent dans le vent. Son trône est robuste mais élégant, sculpté d'oiseaux chanteurs sur les accoudoirs et l'ornement global. Le vent fait tournoyer sa longue chevelure brune et dégage son visage pensif. Elle a des yeux gris cendré et affiche une expression sérieuse, comme si elle était en train de comploter quelque chose ou d'étudier ses meilleures options. Dans sa main droite, la dame tient une belle épée étincelante. De la main gauche, elle semble faire signe à quelqu'un. La dame porte une robe blanche accentuée d'une note d'azur. Une cape bleu ciel ornée de plumes blanches flotte sur ses épaules et son dos. Sa couronne se termine par de spectaculaires pointes acérées et est sertie de topazes jaunes. La topaze jaune garnissant la couronne incite à la réalisation fructueuse d'objectifs personnels. Elle porte un large collier de topazes bleues autour du cou. La topaze bleue évoque la vérité et la sagesse.

Sur ses genoux repose un petit bouquet d'herbes odorantes associées à l'élément de l'air. Elle tient de la lavande, qui a un pouvoir protecteur, et du muguet, qui dans le langage des fleurs signifie un retour au bonheur. Un geai bleu est perché sur le dossier de son trône et un autre est posé par terre à côté d'elle. Les geais bleus nous rappellent de faire appel à notre propre sentiment de souveraineté — de développer nos propres talents, de n'éprouver aucune peur et de mettre nos paroles à exécution avec intégrité, à l'instar de la Dame d'Épée. La fée ailée qui volette à proximité est un sylphe, une créature élémentaire de l'air, et semble être au service de la dame.

Significations

La Dame d'Épée est une femme aux cheveux bruns et aux yeux entre le bleu et la couleur noisette. Elle est maligne, ingénieuse, dotée d'un esprit vif et n'a pas sa langue dans sa poche. Si cette lame se présente dans un tirage, elle peut annoncer une période où vous devez écouter vos instincts et votre intuition. De nouvelles idées se présentent ; il est peut-être temps d'essayer quelque chose de nouveau. Cette lame représente habituellement une femme née sous un signe d'air — une femme axée sur sa carrière, honnête, qui sait ce qu'elle veut et réussit tout ce qu'elle entreprend. Elle peut parfois se montrer sarcastique, mais elle est intelligente, directe et résolue. Elle gère son foyer et sa famille avec la même organisation impitoyable que sa carrière. Ses capacités de communication sont excellentes ; elle peut être une savante, une écrivaine ou une oratrice. Bien que les hommes soient attirés par elle pour sa beauté, ils ont tendance à battre en retraite lorsqu'ils découvrent à quel point cette dame est élégante et honnête. Elle n'a pas de temps à perdre avec des mensonges et l'ignorance. La Dame d'Épée peut représenter une femme qui a besoin de temps pour accorder sa confiance aux autres, particulièrement en matière de relations, et une femme qui préfère peut-être agir seule. Cette dame écoutera d'abord ce que dit sa tête et étudiera logiquement ses options avant de suivre son cœur.

Le message de la Dame d'Épée est le suivant : proclamez votre indépendance, défendez-vous, suivez votre intuition et essayez quelque chose de nouveau.

Mots-clés : Une femme née sous un signe d'air. Sagesse, indépendance, intuition, confiance en soi. Épanouissement personnel. Mettez vos paroles à exécution.

Éléments associés : L'air et l'eau. L'air est l'élément naturel rattaché à l'enseigne des Épées, tandis que les quatre dames sont associées à l'élément affectif de l'eau.

Association astrologique : Balance.

Inversée : Une femme qui a réprimé ses sentiments et fixé des limites très élevées. Isolement, commérages. Une femme vindicative.

Roi d'Épée

Le Roi d'Épée est un bel homme d'âge moyen, aux cheveux, à la moustache et à la barbe châtains. Ses yeux sont sombres et attentifs, et il affiche une expression sérieuse et pensive, comme s'il réfléchissait attentivement au problème qui se présente devant lui. Le roi siège sur un trône sculpté de buses entrelacées. Derrière le trône, on peut voir des arbres verts, un ciel bleu et des montagnes balayées par le vent. Le Roi d'Épée porte une couronne du savoir en or pointue et sertie de topazes bleues magyques. Les topazes apportent vérité et pardon, et contribuent à éclairer votre chemin. Son armure élégante et bien usée est digne d'un souverain. Ce roi signale ses associations avec l'élément de l'air par une tunique jaune et une cape dorée garnies de plumes. Dans sa main droite, il brandit l'épée de la vérité sur laquelle les rayons du soleil miroitent. Il est assis au garde-à-vous sur son trône et donne l'impression qu'il s'avancera promptement et avec fermeté s'il faut agir. De son autre main gantée, il tient un faucon pèlerin chaperonné. Le faucon posé doucement sur sa main attend calmement le moment de la chasse. Le faucon symbolise la rapidité, la précision et la ruse, et il nous encourage à être prêtes à agir au moment le plus opportun pour le meilleur résultat.

Significations

Le Roi d'Épée est une figure d'autorité. Si cette lame jaillit dans un tirage, vous devez être consciente qu'il se pourrait que vos actions soient remises en question. C'est la lame des dirigeants, des meneurs et des justiciers. Cette lame a des liens avec les lames de l'Empereur et de la Justice, dans la mesure où le Roi d'Épée s'intéresse à des questions de bien et de mal, et aussi d'intégrité et d'honneur. Cette lame remet calmement en question la sagesse de vos choix personnels.

Le roi annonce également qu'il est temps de traduire vos connaissances en actions. Cet homme voit le monde en noir ou blanc ; les nuances de gris n'existent pas à ses yeux. Il est brillant, intelligent, réservé et un peu intellectuel. Il a le sens des affaires et peut appartenir aux forces armées ou être agent de sécurité, inspecteur ou agent de police. Le Roi d'Épée représente également un homme mature aux cheveux bruns et aux yeux foncés qui tient plus que tout à son intégrité. Il compte beaucoup sur son bon sens et croit seulement en ce qui peut être démontré. À l'instar des meilleurs rois de jadis, c'est un dirigeant sage et juste qui juge parce qu'il le doit et qui est prêt à défendre son royaume si la situation l'exigeait.

La leçon du Roi d'Épée est de traduire vos connaissances en actions tout en restant équitable et juste.

Mots-clés : Un homme né sous un signe d'air. Autorité, un dirigeant juste, jugement. Justice, raison, logique, vérité. Éthique, honneur ; traduire rapidement ses connaissances en actions.

Éléments associés : L'air et l'air. L'air est l'élément naturel rattaché à l'enseigne des Épées, tandis que les quatre rois sont également associés à l'élément sage et attentionné de l'air.

Association astrologique : Verseau.

Inversée : Une personne critique, arrogante. Un homme dominateur, peu aimable. Un individu dangereux.

Les Bâtons

Les Bâtons dénotent le désir de croissance, l'inspiration qui fait bouger les choses, le désir qui montre la voie…

MARY K. GREER

Ce tarot est construit selon le système de Rider-Waite-Smith, qui associe la suite des Bâtons au feu et l'enseigne des Épées à l'air. L'enseigne des Bâtons symbolise l'élément du feu et toutes les associations magyques qui irradient de cet élément. L'enseigne des Bâtons est axée sur l'enthousiasme, l'assurance et l'ambition. Dans le Tarot des sorcières, le bâton même est une branche d'aubépine en fleur ornée de rubans rouges. L'aubépine est un arbre magyque associé à l'élément du feu, ce qui explique que je l'ai choisie pour cette enseigne. Les fleurs d'aubépine sont utilisées dans les sortilèges de protection et de fertilité.

L'aubépine, parfois appelée « cenellier », s'inscrit dans la trinité magyque des arbres féeriques. Le chêne, le frêne et le cenellier (ou aubépine) composent cette triade. Dans le langage des fleurs, les fleurs d'aubépine odorantes symbolisent l'espoir. Les lames de Bâton illuminent une voie vers la compréhension au moyen d'actions concrètes, de mouvement et d'optimisme. Elles illustrent le pouvoir de l'aventure, la passion et l'excitation. L'enseigne des Bâtons explore le désir de créer. Enfin, cette enseigne est souvent associée à la carrière et aux affaires. L'enseigne des Bâtons correspond aux personnes nées sous un signe de feu du zodiaque : Bélier, Lion et Sagittaire. Sur le plan physique, les figures de l'enseigne des Bâtons représentent des personnes au teint très clair, aux cheveux blonds ou roux et aux yeux bleu clair ou verts.

Les personnes qui sont attirées par l'enseigne des Bâtons ont tendance à être athlétiques, enthousiastes, charismatiques et extraverties ; elles laissent leurs actions guider leur route. Ce sont les fonceurs, les gens d'action et les personnes influentes de ce monde.

As de Bâton

L'aube pointe et on voit une branche d'aubépine en fleur plantée profondément dans la colline herbeuse. Le bâton rappelle un peu un arbre de mai, avec ses rubans entrecroisés et une bande de tissu rouge feu portée par la brise. Selon la tradition, les arbres de mai étaient souvent en bois d'aubépine. Derrière le bâton, il y a des collines vertes vallonnées et un château à tourelles sur une colline. Le château à l'arrière-plan représente la récompense qui vous attend à la fin de votre quête de savoir et d'avancement. L'aubépine est associée à l'élément du feu, ce qui en fait le choix idéal pour représenter le bâton dans ce tarot destiné aux sorcières. Les fleurs d'aubépine s'épanouissant sur l'unique bâton symbolisent les idées qui émergent de notre esprit avant de s'épanouir. Dans le langage des fleurs, les fleurs d'aubépine symbolisent l'espoir. Un papillon rouge vif virevolte à côté du bâton. Le papillon symbolise la transformation, la régénération et la joie. La journée va être belle et pleine de promesses.

Significations

L'As de Bâton est la forme la plus puissante et la plus pure de l'élément masculin du feu. Cette lame montre le feu créateur, ou l'énergie, qui ne peut être contenu et qui jaillit maintenant dans toute sa splendeur. L'As de Bâton aide à révéler la voie créative ou le parcours professionnel pour lequel vous avez opté. Votre travail acharné traduit vos idées en une réalité fructueuse. C'est une lame de bon augure si la consultante envisage de changer d'emploi ou si elle est prête pour une promotion au travail. L'As de Bâton symbolise le pouvoir, les nouveaux départs, une naissance, la réussite, un nouveau foyer, une promotion ou un nouvel emploi, l'ambition, la passion, l'enthousiasme et la croissance.

Mots-clés : Créativité, courage, optimisme. Ambition, carrière et affaires, départs positifs, une naissance, transformation, voire un nouveau foyer. Votre travail acharné traduit vos idées en une réalité fructueuse. L'élément du feu.

Inversée : Déception. Ne pas être capable de voir le bonheur qui est juste sous vos yeux. Manque de direction et de concentration. Énergie et talents magyques gaspillés.

Deux de Bâton

Un homme aux cheveux auburn contemple l'eau à la tombée du jour. L'homme, vêtu d'un manteau à la garniture en fourrure de couleur dorée et d'une cape bordeaux, est fortuné et prospère. Devant lui, un mur en pierre lui arrive à la taille. Dans sa main gauche, l'homme tient un long bâton d'aubépine en fleur. À sa droite, un deuxième bâton est appuyé à la verticale contre le mur de pierre. L'homme semble tenir le monde au creux de sa main droite, pourtant il continue de contempler l'horizon comme s'il espérait plus. Se sent-il prisonnier de ses choix? Au loin, on voit deux navires sur l'eau et des montagnes à l'horizon. Les navires sur l'eau symbolisent les espoirs et les rêves de l'homme pour l'avenir. L'homme se prépare à un changement favorable. Au bord du mur de pierre, un chat tricolore est paisiblement assis à côté de l'homme, comme pour surveiller ces navires avec lui. Les chats tricolores sont réputés chanceux et leurs trois couleurs sont considérées comme représentant la Triple Déesse. Le chat tricolore est son allié et ami, ainsi qu'un symbole de mentorat, de soutien et de conseil d'ami qui le guideront vers la réussite.

Significations

Cette lame représente la réussite partielle. Bien que d'autres pourraient penser que vous tenez le monde au creux de votre main, vous avez peut-être malgré tout l'impression de ne pas savoir avec certitude où aller ensuite. De tels scénarios se produisent lorsqu'une promotion ou un avancement professionnel inattendus vous laisse indécise sur ce qu'il faut faire ensuite. Il y a une réussite partielle et vous avez peut-être l'impression que vous vous trouvez à mi-chemin de vos objectifs personnels. Il faut faire des choix et prendre d'importantes décisions. Mais regardez autour de vous — un mentor vous aide, vous soutient et vous conseille. Suivez ses bons conseils et profitez de cette nouvelle possibilité d'affaires ou de carrière. Enfin, cette lame peut symboliser un partenariat d'affaires prospère.

Mots-clés : Préparation à un changement favorable. Réussite partielle. De bons conseils d'un mentor. Partenariats d'affaires prospères.

Inversée : Retards possibles, promesses non tenues. Indécision, désillusion.

Trois de Bâton

Un jeune homme brun se tient haut sur une falaise dominant l'eau et l'horizon. Son poste d'observation en hauteur lui permet de profiter d'une vue d'ensemble. Dans sa main gauche, il tient un bâton d'aubépine en fleur enrubanné. Juste derrière lui, deux autres longs bâtons sont plantés dans le sol comme pour le soutenir. L'homme porte un bandeau autour de la tête pour maintenir ses cheveux hors de ses yeux et garder claire sa vision de l'avenir. Il porte une tunique orange et une somptueuse cape rouge ; ces couleurs ardentes constituent un lien visuel avec l'élément du feu, qui correspond à l'enseigne des Bâtons. Le jeune homme contemple la mer calme, où deux navires naviguent au loin, comme s'il attendait que ses navires arrivent. Il attend peut-être d'embarquer sur l'un des bateaux et de mettre le cap vers de nouvelles aventures pour explorer l'inconnu. Il observe activement, attend et laisse les événements se dérouler. C'est une lame passionnante et pleine de possibilités et de réussite imminente. Le ciel radieux et les mers calmes illustrés sur cette lame indiquent que c'est une lame optimiste et que l'avenir s'annonce bien.

Significations

Si le Trois de Bâton sort dans un tirage, il désigne une période d'espérance. La consultante attend peut-être des nouvelles au sujet d'un projet ou d'une proposition. Le thème général de cette lame est l'optimisme et l'attente active. Elle montre le début d'un projet et l'espoir qui naît de la planification d'une nouvelle carrière ou d'une nouvelle vie. Souvenez-vous que les choses sont toujours en mouvement — rien n'est au repos et le changement est constant. Le Trois de Bâton représente généralement la personne pour qui s'effectue le tirage. Cette lame peut également vous encourager à remplir davantage un rôle de premier plan au travail ou dans votre coven. C'est une période d'expansion et de croissance. Soyez tel l'observateur sur le Trois de Bâton : restez vigilante et laissez les événements se produire. Il y a une raison d'être optimiste et d'avoir espoir : l'avenir s'annonce bien.

Mots-clés : Attente active. Tout est en mouvement constant. Expansion, croissance. Remplir un rôle de premier plan. Gardez vos objectifs futurs en vue. L'avenir s'annonce bien.

Inversée : Attentes irréalistes. Désaccord avec des collègues. Opinions spirituelles en conflit avec d'autres membres du coven.

Quatre de Bâton

Quatre gros et longs bâtons d'aubépine en fleur sont plantés dans l'herbe verte, formant un grand carré. De longs rubans rouges enlacés autour des bâtons flottent dans la brise. Une luxuriante et belle guirlande de fleurs est déployée entre les quatre bâtons, créant une sorte de tonnelle. Quatre femmes, représentant chacune un des quatre éléments naturels, dansent sous la tonnelle. Chaque femme tient un bouquet de fleurs. La femme qui représente le feu arbore des cheveux roux et une robe rouge feu. Elle tient un bouquet de roses rouges, symbolisant la passion et l'énergie. La deuxième danseuse, qui dénote l'élément de l'eau, a des cheveux blonds et porte une robe bleu royal. Elle tient un bouquet de roses blanches, symbolisant les émotions tendres. La troisième dame, représentant l'élément de l'air, a les cheveux brun foncé et porte une robe safran. Elle tient fermement un petit bouquet de roses jaunes. Ses roses de la couleur du soleil représentent l'amitié et le bonheur. La quatrième femme a des cheveux brun doré et porte une robe verte, représentant l'élément de la terre. Elle tient un simple bouquet de verdure et de pâquerettes, qui signifient la croissance et la tendresse. Toutes les fleurs qui composent la guirlande au-dessus des danseuses élémentaires sont associées à l'élément du feu. Le tournesol est pour la gloire et la réussite, le tagète symbolise la tendresse et le soleil, et les œillets rouges sont source de fascination, de guérison et d'amour. À l'arrière-plan, le ciel est d'un jaune soleil à l'aube et on voit un château. Le château représente la sécurité et les objectifs qui sont atteints. Un chat blanc et roux est assis avec sérieux à l'avant-plan, telle une sentinelle, au pied de l'un des bâtons. Les chats sont liés à l'élément du feu, et ce petit félin semble surveiller la cérémonie.

Significations

Si le Quatre de Bâton danse dans un tirage, apprêtez-vous à faire la fête ! Cette lame symbolise des célébrations telles que les fêtes d'anniversaire et, bien sûr, les fêtes en l'honneur d'une naissance prochaine ou d'une future mariée. Il peut s'agir d'une célébration en compagnie d'une famille ou d'un coven. Cette lame laisse présager la célébration d'un heureux événement, de l'obtention d'un diplôme, d'un anniversaire ou de l'observance amusante et fastueuse d'un sabbat. Le Quatre de Bâton est habituellement interprété comme une lame de fertilité, ce qui le lie au sabbat de Beltane. Cette lame annonce une occasion et un moment idéal pour partager votre joie avec quelqu'un d'autre. Elle peut aussi représenter une période de créativité et de liberté d'expression.

Mots-clés : Célébration ; se réjouir à propos d'un heureux événement. Liberté, fêtes, fêtes en l'honneur d'une naissance prochaine ou d'une future mariée, célébrations de sabbat. Fertilité, créativité, liberté d'expression.

Inversée : Même lorsque cette lame est à l'envers, elle garde son message positif. Mais désormais, la célébration est une grande surprise. Maintenant que vous êtes au courant, tâchez quand même de feindre la surprise !

Cinq de Bâton

Cinq magnifiques dragons sont conduits au combat à travers les nuages. Chacun de leurs cavaliers tient un bâton d'aubépine en fleur. Un dragon est mauve, pour représenter l'esprit ; il y a un dragon bleu pour l'eau, un dragon entièrement vert pour la terre, un dragon doré et vert pour l'air, et un dragon rouge vif pour représenter l'élément du feu. Les grandes différences dans l'apparence des cavaliers fournissent un indice sur la signification réelle de cette lame. Certains de ces cavaliers portent une armure et semblent très impétueux, avec leurs postures agressives, tandis que deux autres semblent plutôt s'approcher nonchalamment, comme pour voir la raison de tout ce chahut. C'est un conflit de personnalités et une escarmouche. Les dragons ont la réputation d'être violents et féroces, mais aussi sages et magyques en même temps. Outre l'association élémentaire habituelle du feu, les cinq dragons sont également liés à chacun des quatre éléments naturels, plus un cinquième élément, celui de l'esprit.

Significations

Si le Cinq de Bâton jaillit dans un tirage, il indique que des soucis de moindre importance et de petites disputes doivent être réglés. Il existe différentes opinions qui veulent toutes être entendues. Cette lame symbolise les querelles entre des camarades du coven, des amis ou des collègues. Cette lame vous dit que des défis vous attendent et que vous devrez être très claire lorsque vous ferez part de vos objectifs et désirs aux autres. Il est possible que vous rencontriez de petits problèmes au travail ou un peu de saine rivalité. Mettez-vous en condition et mettez-y un peu du vôtre dans la résolution de vos problèmes, et vous verrez des résultats positifs.

Mots-clés : Rivalité, conflit, désaccord, défis. Querelles futiles au travail ou au sein du coven. Mettez-y un peu du vôtre dans la résolution de vos problèmes pour voir des résultats positifs.

Inversée : Rivalité, perturbation de vos plans. Conflit de personnalités sérieux ou jalousie au sein de votre coven. Grave conflit sur votre lieu de travail. Jeu de pouvoir.

Six de Bâton

Un fier guerrier revient d'une bataille d'un air triomphant. Cinq autres bâtons sont visibles derrière le cavalier et à l'arrière-plan. Ils semblent être tenus par une foule tandis que le guerrier les dépasse. À l'arrière-plan, le ciel est bleu et un soleil éclatant brille sur le cavalier et le cheval. Le guerrier est fatigué, mais a l'air content d'être chez lui. Il porte une armure en or, dénotant son statut, et une tunique rouge feu ornée d'un entrelacs doré représentant des dragons, la créature élémentaire du feu. Les dragons représentés sur la tunique du guerrier sont entrelacés et représentent le cycle sans fin de la nature et de la vie. La cape rouge flottante de l'homme a des entrelacs dorés dans la garniture et traîne sur le dos de son cheval brun. La cape de parade du cheval est également rouge vif, avec un entrelacs de dragon assorti. Les couleurs éclatantes et flamboyantes de l'armure, de la tunique et de la cape du guerrier indiquent la fierté et l'exploit. Le soldat tient dans sa main droite un long bâton d'aubépine en fleur ; une couronne de laurier vert est accrochée à ce bâton à l'aide d'un ruban rouge et illustre le retour triomphant du guerrier. Une couronne de laurier est un symbole classique de la grâce de Dieu. Dans le langage des fleurs, la feuille de laurier exprime l'exploit. Les dragons, naturellement, sont associés à l'élément du feu. Dans notre enseigne des Bâtons associée au feu, le dragon représenté sur cette lame est symbolique. Les dragons étaient courants dans les dessins héraldiques, étant donné qu'ils représentent le courage, les qualités de commandement et le franchissement des obstacles.

Significations

C'est une lame de victoire symbolisant l'exploit, la reconnaissance, les compliments, la réussite, l'accomplissement et les louanges bien méritées après avoir durement travaillé. Vous pouvez surmonter n'importe quel obstacle si vous y travaillez. Cette lame peut aussi nous rappeler de nous accrocher. Les temps peuvent être durs, mais vous parviendrez à vous tirer de cette situation et en ressortirez victorieux si vous ne baissez pas les bras.

Mots-clés : Victoire, exploit. Reconnaissance pour un travail bien fait. Compliments et réussite. Accomplissement après avoir durement travaillé.

Inversée : Projet retardé. Réussite retardée. Ne pas être reconnue pour votre travail acharné. Jouer de malchance.

Sept de Bâton

Un jeune homme svelte et en bonne condition physique tient un bâton d'aubépine en fleur à l'horizontale devant son buste. Derrière lui, des falaises occupent l'arrière-plan et représentent l'inconnu, mais le ciel s'éclaircit et les nuages se sont dispersés, ce qui est un indice visuel que tout va bien. Le jeune homme se défend et porte du jaune doré, de l'orange et du rouge — les couleurs des flammes — pour renforcer le lien visuel avec l'élément du feu. Il fonce sur les autres bâtons avec beaucoup d'assurance, comme s'il prenait plaisir à ce défi. Il est indépendant, intelligent et plus que capable de surmonter ce que la vie sème sur son chemin. Cette lame symbolise l'adrénaline, l'enthousiasme et l'ambition. Le jeune homme de cette lame n'a pas seulement la volonté de réussir, il savoure aussi la chance de pouvoir mettre ses compétences mentales, physiques et magyques à l'épreuve.

Significations

Si le Sept de Bâton sort dans un tirage, il vous avertit que vous êtes sur le point d'être confrontée à un défi — un défi auquel vous prendrez énormément de plaisir. Il peut s'agir d'une sorte de test personnel, où vous relevez le défi juste pour le plaisir et pour voir jusqu'à quel point vous pouvez améliorer vos compétences, qu'elles soient magyques ou ordinaires. Cette lame indique qu'on doit avoir recours à la force physique et au mouvement avec modération et classe. Votre enthousiasme, votre ambition et votre intelligence vous seront d'une grande utilité dans cette situation. L'apparition de cette lame dans un tirage vous garantit que vous vaincrez les obstacles et les surmonterez avec classe, intelligence et humour.

Mots-clés : Adrénaline, enthousiasme, ambition. Un défi. Mettre vos compétences à l'épreuve. Surmonter des obstacles magyques ou ordinaires avec classe, intelligence et humour.

Inversée : Manque d'assurance, anxiété, indécision.

Huit de Bâton

Huit bâtons d'aubépine en fleur ornés de rubans rouges tombent d'un beau ciel bleu. À l'arrière-plan, on voit un lac argenté, une vallée verdoyante et des montagnes. La toile de fond paisible contraste fortement avec les huit bâtons qui jaillissent du ciel. Les huit bâtons redescendent sur terre, en quelque sorte. Ce détail peut symboliser le fait que beaucoup de possibilités créatives se mettent en place. Aussi, le voyage touche à sa fin de manière heureuse ; tout ce que vous espériez est sur le point de se réaliser et la réussite est à portée de main. Excitation, activité, changement et mouvement sont les messages de cette lame. Le Huit de Bâton est l'une des rares lames des arcanes mineurs qui ne comportent aucun personnage, animal ou créature ; on ne voit que le paysage et les huit bâtons filant vers le sol. Cette lame est basique et simple de la meilleure façon possible, à l'image de sa signification. C'est une lame de mouvement et de manifestation.

Significations

Si le Huit de Bâton atterrit dans un tirage, il vous avertit que des projets retardés vont se réaliser rapidement. C'est une lame positive et excitante, pleine de mouvement et d'action. Des sortilèges qui ont été lancés se manifesteront maintenant de façon heureuse. Souvent, cette lame symbolisera un voyage d'affaires ou d'agrément, et généralement, un voyage aérien. Le Huit de Bâton peut aussi désigner une communication à longue distance entre des partenaires d'affaires. C'est le moment où les idées nouvelles et la créativité règnent, et l'action rapide et décisive est à l'ordre du jour.

Mots-clés : Mouvement, action. Des choses vont se réaliser rapidement. La manifestation positive de sortilèges. Voyage d'affaires ou d'agrément, généralement un voyage aérien. Communication à longue distance.

Inversée : Un problème qui s'éternise. Des sortilèges qui stagnent. Des ennuis avec un voyage aérien. Des vols annulés.

Neuf de Bâton

Une femme forte et à l'air déterminé est vêtue d'une tunique rouge brodée d'un grand dragon héraldique en son centre. Autour du cou, elle porte un pentacle en argent, pour la protection. La femme a des cheveux d'un rouge profond et tient avec aisance un bâton d'aubépine en fleur en travers de son corps, tel un bâton de combat. À la fois sorcière et guerrière, elle porte un pantalon brun résistant et des bottes en cuir tandis qu'elle se tient fin prête à défendre son territoire. Huit autres bâtons sont plantés dans l'herbe verte et disposés derrière elle, comme s'ils formaient une barrière. À l'arrière-plan, le soleil se couche majestueusement sur les montagnes et projette de longues ombres sur l'herbe et les fleurs. Le soleil couchant symbolise le fait que le test de la guerrière touche à sa fin avec succès et que ses efforts assidus portent leurs fruits. Dans l'herbe, au pied des bâtons, du millepertuis fleurit par endroits. Le millepertuis est associé au feu et au sabbat du solstice d'été, et symbolise également la protection physique et magyque.

Significations

Si le Neuf de Bâton sort dans un tirage, il vous avertit de prendre garde aux ennuis, aux sottises, aux commérages et à la magye néfaste. Le temps est maintenant venu d'être consciente des ennuis et d'être vigilante lorsque vous vous protégez vous-même ainsi que votre réputation professionnelle et magyque. Vous allez peut-être devoir vous défendre, donc soyez vigilante et restez sur vos gardes. Force intérieure, courage et conviction sont indispensables en ce moment. Il peut s'avérer nécessaire d'exercer de la magye de protection. Vous avez peut-être l'impression de ne pas avoir la force morale pour supporter plus de malheurs, mais restez ferme et soyez forte. Défendez habilement et vigoureusement votre territoire et votre réputation. L'enseigne des Bâtons est axée sur la créativité et l'ambition ; vous pouvez y arriver. Fixez des limites, faites appel à vos ressources intérieures et restez forte.

Mots-clés : Force intérieure, courage, protection. Soyez consciente des ennuis. Protégez-vous vous-même ainsi que votre réputation. Restez forte, sur vos gardes. Il peut s'avérer nécessaire d'exercer de la magye de protection.

Inversée : Paranoïa, peur de l'échec, manque de courage. Vous vous tournez vers les autres pour qu'ils viennent à votre secours alors que vous devriez d'abord vous tourner vers vous-même.

Dix de Bâton

Un vieil homme s'éloigne, le dos tourné, et descend un chemin de terre vers un château. Il porte un fagot constitué de 10 bâtons d'aubépine en fleur sur son épaule gauche. Le vieil homme est légèrement penché en avant, comme si son fardeau était juste un peu trop lourd pour lui. L'homme porte une élégante cape de voyageur rouge dont le dos est orné de dragons — créatures élémentaires du feu — orange doré entrelacés. On ne voit pas son visage, mais sa tête semble être tournée vers le château — son but ultime. Le château représente habituellement la récompense qui vous attend à la fin de votre quête de savoir et d'avancement. Mais la question à se poser est : parviendra-t-il au bout du chemin avec un fardeau aussi lourd à porter ? Le ciel bleu et les beaux nuages montrent que son environnement n'a rien à voir avec sa situation difficile ; il a choisi de porter ce fardeau sur un coup de tête, de lui-même.

Significations

Si le Dix de Bâton apparaît dans un tirage, c'est un avertissement que vous vous êtes lancée dans trop de choses en même temps. Vous n'arrivez plus à concilier votre vie quotidienne avec vos activités. Vous adorez peut-être porter plusieurs chapeaux et entretenir une vie sociale active, mais vous vous sentez actuellement submergée par les exigences professionnelles, familiales ou les demandes des membres de votre coven. Le fagot de 10 bâtons d'aubépine en fleur sur cette lame représente en fait l'excès d'une bonne chose. Même si vos intentions peuvent avoir été nobles, il y a une surabondance d'énergie créative et vous êtes tiraillée dans trop de directions différentes. Vous devrez renoncer à quelque chose. Déposez quelques-uns de ces bâtons afin d'accomplir vos tâches et de réaliser vos objectifs avec grâce. Apprenez à déléguer dans le monde des affaires, votre vie personnelle et votre coven, ou il vous sera difficile d'atteindre vos objectifs.

Mots-clés : De nombreux engagements, manque de temps. Se sentir submergée et porter un trop gros fardeau. Vous devez choisir ce qui vous convient ; que pouvez-vous reléguer au second plan et qu'est-ce qui est vital ?

Inversée : Surmenage mental, épuisement physique. Oppression. Un fardeau qui peut vous briser.

Valet de Bâton

Le jeune Valet de Bâton est en voyage. À l'arrière-plan, on voit des montagnes et un ciel bleu éclatant. C'est un jeune adolescent aux cheveux roux foncé et aux yeux gris. Il porte des vêtements de voyage résistants, une souple tunique dorée et une cape de voyage rouge vif. L'élément du feu est représenté par les couleurs chaudes de ses vêtements et par son pendentif en or. Autour du cou, le valet porte un large médaillon à la forme et aux couleurs de tournesol. Dans sa main droite, il tient un bâton d'aubépine en fleur enrubanné en guise de canne. Sa main gauche est levée et mise en porte-voix de l'autre côté de son visage, comme s'il criait. L'expression du valet nous montre qu'il hurle de toutes ses forces. Il est porteur de nouvelles et prend son travail au sérieux et l'accomplit avec ardeur. Le Valet de Bâton apporte enthousiasme et bonheur partout où il va. Un chat roux tigré l'accompagne dans ses voyages. Le matou est le compagnon du valet et trottine à ses côtés, les sens en alerte. Les chats sont habituellement associés à l'élément du feu, et ce sage chat roux tigré est un compagnon approprié pour notre valet tandis qu'il voyage à l'étranger et répand ses nouvelles réjouissantes. Le tournesol est associé à la magye solaire, à la réussite et à la gloire. Les massifs de lierre de chaque côté du Valet de Bâton et de son compagnon symbolisent la chance et repoussent la négativité.

Significations

Il s'agit d'une lame de bon augure et réjouissante. Si le Valet de Bâton s'annonce dans un tirage, soyez prête à apprendre d'heureuses nouvelles et à vivre des moments passionnants. Ces nouvelles viendront généralement d'une personne plus jeune. Cherchez une jeune personne blonde. Le Valet de Bâton peut annoncer un nouvel emploi ou une promotion, ou il peut annoncer la naissance imminente d'un enfant (surtout si l'As de Coupe apparaît aussi dans le tirage). Attendez-vous à une invitation ou à une occasion.

Le Valet de Bâton vous crie son message avec empressement : le temps est venu de recourir à votre imagination et à votre détermination pour atteindre vos objectifs de réussite.

Mots-clés : Empressement, un porteur de nouvelles. Attendez-vous à recevoir bientôt des nouvelles heureuses et réjouissantes, généralement d'une personne plus jeune. Détermination et imagination. Une invitation ou une occasion.

Éléments associés : Le feu et la terre. Le feu est l'élément rattaché à l'enseigne des Bâtons, tandis que les quatre valets sont associés à l'élément concret de la terre.

Inversée : Commérages sur le lieu de travail. Rumeurs et sous-entendus malveillants. Mauvaises nouvelles.

Cavalier de Bâton

Le Cavalier de Bâton est sûr de lui, plein d'entrain, et s'avance tout droit vers vous. Il porte une armure en or et monte un cheval blanc lancé au grand galop. Dans sa main droite, le cavalier tient un long bâton d'aubépine en fleur, et une des bandes de tissu accrochées au bâton claque dans le vent. La visière du casque du cavalier est relevée, si bien qu'on peut voir son visage et une partie de sa chevelure blond clair. Il n'a peur de rien et son expression est sérieuse et passionnée. Dans son aventure, le Cavalier de Bâton porte une cape rouge vif qui ondoie derrière lui. À l'arrière-plan, on voit un beau ciel d'été à la tombée de la nuit, un lac et la cime de trois montagnes.

Le dessin héraldique de lion sur la tunique du cavalier ainsi que sur la cape de parade de son cheval symbolise la bravoure et la force. Le lion lui-même est habituellement associé à l'élément du feu, et le rouge et le doré sur son costume sont un autre clin d'œil à l'élément dont il tire sa passion et son sens de l'audace. Le Cavalier de Bâton est un symbole de vitesse, d'aventure et d'action.

Significations

Lorsque le Cavalier de Bâton surgit dans votre vie, il apporte changement, activité passionnante et excitation. C'est la lame du mouvement ; attendez-vous à l'inattendu. Vous allez peut-être changer de travail ou déménager. Une occasion de voyager peut se présenter. Le voyage peut concerner les affaires, puisque l'enseigne des Bâtons est souvent liée à la carrière et aux affaires. Cette lame annonce une période d'énergie, d'actions audacieuses, d'action et d'aventure. Cette figure peut aussi annoncer qu'un jeune homme énergique, fougueux, entêté et enthousiaste, aux cheveux blonds et aux yeux clairs, est sur le point d'entrer dans votre vie, alors restez alerte.

Le défi du Cavalier de Bâton est d'accepter le changement, de vivre une aventure et de profiter du voyage.

Mots-clés : Aventure, changement, confiance en soi, enthousiasme. Passion. Voyage d'affaires. Agir avec audace dès maintenant. Mouvement. Un nouveau travail, une nouvelle maison.

Éléments associés : Le feu et le feu. Le feu est l'élément naturel rattaché à l'enseigne des Bâtons, tandis que les quatre cavaliers sont associés à l'élément énergétique du feu.

Association astrologique : Sagittaire.

Inversée : Précipitation, prendre de dangereux risques. Confusion, un projet interrompu ou qui va de travers.

Dame de Bâton

La Dame de Bâton est installée sur son trône stylisé en tournesol. Elle a des yeux bleu clair et de longs cheveux bouclés d'un roux éclatant. La dame porte une couronne en or sertie de rubis rouges. Cette charmante et joyeuse dame tient un long bâton d'aubépine en fleur dans sa main droite. Des bandes de tissu rouges pendent au bâton. La dame est entourée par une sorte de flammes qui la relient visuellement à l'élément du feu dont elle puise ses pouvoirs. Cette dame vous attire par la force de sa personnalité. Elle est à la fois la mère réconfortante, l'amie généreuse, l'amante passionnée et la souveraine compétente, raffinée et intelligente. La Dame de Bâton revêt une robe jaune vif au col carré et à la garniture rouge au bout des manches évasées flottantes. Autour du cou, la dame porte un somptueux collier d'or et de rubis ovales. Les rubis qui figurent dans la couronne et autour du cou de la dame lui confèrent énergie et passion, deux qualités dont la Dame de Bâton ne manque pas. Dans le creux de son bras gauche repose un petit bouquet de fleurs orange et jaune aux cœurs d'un brun chaud ; on peut voir des tiges vertes et quelques feuilles cordiformes. Dans le langage des fleurs, le tournesol annonce la confiance en soi et l'extravagance. En phytothérapie magyque, le tournesol est utilisé dans les sortilèges pour le succès et la gloire. Sur ses genoux, son compagnon, un chat roux tigré au pelage duveteux, se tient majestueusement et semble être sur le point de s'endormir.

Significations

Lorsque la Dame de Bâton apparaît dans un tirage, rassemblez vos forces. Elle marque le début de l'amusement. La Dame de Bâton est axée sur l'énergie, l'enthousiasme et la passion. Cette lame symbolise souvent une femme au teint et aux yeux clairs, qui aime son foyer, sa famille et ses animaux de compagnie. Elle est fougueuse, drôle, chaleureuse, affectueuse et malicieuse. Elle est la personne polyvalente par excellence et fréquente souvent plusieurs groupes ou comités. Elle est sérieuse et passionnée, mais possède un bon sens de l'humour. Il faut beaucoup pour que cette femme se mette en colère, mais une fois que c'est le cas, c'est une incroyable force de la nature. Cette lame dénote une femme née sous un signe de feu, une sorcière talentueuse et une dirigeante de nature. La Dame de Bâton constitue une talentueuse grande prêtresse de coven ou une dirigeante de communauté magyque dynamique.

Le message de la Dame de Bâton est le suivant : foyer, famille, magye et carrière — vous pouvez tout avoir. Laissez simplement votre passion pour la vie et votre énergie créative et spirituelle vous subjuguer et vous guider.

Mots-clés : Une femme née sous un signe de feu. Une femme qui prodigue des marques d'affection et gère sa famille, son foyer et sa carrière avec succès. Une sorcière talentueuse et une dirigeante naturelle d'un groupe magyque. La personne polyvalente par excellence. Populaire, extravertie, aimant s'amuser, charmante, joyeuse, élégante.

Éléments associés : Le feu et l'eau. Le feu est l'élément naturel rattaché à l'enseigne des Bâtons, tandis que les quatre dames sont associées à l'élément affectif de l'eau.

Association astrologique : Bélier.

Inversée : Entêtement, colère. Une manipulatrice. Des promesses faites mais non tenues. Une personne qui aime semer la discorde.

Roi de Bâton

Un bel homme d'âge moyen aux cheveux gris métallisé siège sur un trône en or. Ses yeux bleu clair sont francs, et il esquisse un sourire. Le Roi de Bâton se penche vers vous, plein d'enthousiasme, d'énergie et de générosité. Il est intéressé et veut faire partie de vos plans et de vos objectifs. Le Roi de Bâton porte une majestueuse tunique rouge ornée d'un lion doré sur le buste. En héraldique, le lion représente la royauté, le courage et le pouvoir.

Sa cape est d'un grand raffinement, digne d'un roi, couleur rouge feu. Sa grande couronne en or est sertie de rubis. En magye du cristal, les rubis sont utilisés pour affûter l'esprit et accroître la conscience. Une chaîne de fonction, également composée d'or lunaire et sertie de rubis, entoure son torse. Dans sa main droite, il tient un long bâton d'aubépine en fleur. Des bandes de tissu rouges pendent du bâton.

À l'arrière-plan, le ciel est jaune et rouge vif, comme si le soleil se levait, montrant toutes les nouvelles possibilités du jour naissant. Ce roi règne avec autorité, passion, honnêteté, intégrité et générosité. Tel qu'il est bien représenté sur cette lame, le roi éprouve des difficultés à rester sur son trône en or flanqué de deux lions. C'est un homme d'action qui donne le meilleur de lui-même quand il se trouve au cœur de l'action et réagit rapidement.

Significations

Lorsque le Roi de Bâton sort dans un tirage, cherchez un homme au teint clair, né sous un signe de feu. Il est un homme d'affaires — un meneur, un homme d'action et une personne qui fait bouger les choses — extraverti, direct, charmant et confiant. C'est l'homme qui peut tout faire : un « super papa ». Il mène une brillante carrière, entraîne l'équipe junior de la ligue de ses enfants, et malgré tout, son mariage reste sa priorité. Cet homme est des plus heureux lorsqu'il est impliqué dans de nombreuses activités en même temps. Il est fidèle, fiable et passionné, et s'il se sent frustré ou contrarié, il devra peut-être faire un gros effort pour contenir sa colère. Cette lame représente aussi l'expression créative et la défense des idées et des rêves d'un autre. Vous allez peut-être découvrir qu'un investisseur ou un associé de votre future entreprise est bien plus proche de vous que vous ne le pensiez, ou que vous apportez vous-même un soutien énergique à une autre personne. Créativité et talents artistiques sont au plus haut.

La leçon du Roi de Bâton est que l'énergie et l'enthousiasme vous aideront à atteindre vos objectifs artistiques et créatifs. Soyez généreuse et soutenez les personnes dans votre vie.

Mots-clés : Un homme né sous un signe de feu. Un super papa. Une personne d'action, qui fait bouger les choses. Une personne charmante, extravertie, énergique et généreuse. Guider un autre. Enthousiasme, expression artistique, créativité.

Éléments associés : Le feu et le feu. Le feu est l'élément naturel rattaché à l'enseigne des Bâtons, tandis que les quatre rois sont associés à l'élément sage et attentionné de l'air.

Association astrologique : Lion.

Inversée : Arrogance, cupidité. S'attribuer le mérite du travail acharné ou des idées de quelqu'un d'autre. Une personne égocentrique.

Les Pentacles

Dans les temps anciens, le pentacle était synonyme de « vie » ou de « santé ». Il représente toujours l'élément de la terre dans l'enseigne des Pentacles du tarot.

Barbara G. Walker

L'enseigne des Pentacles symbolise l'élément de la terre et toutes les associations magyques qui découlent de cet élément : le pouvoir et la magye de la nature, la prospérité et la sécurité. Les lames de Pentacle prospèrent et croissent le long d'un chemin vers la compréhension à force de travail, de stabilité et de sécurité. Cette enseigne illustre l'influence de la magye naturelle, la beauté enchanteresse et le pouvoir de la nature, les relations stables, les foyers aimants et le sens pratique. Elle explore l'issue ou les résultats de la création finale, et les Pentacles représentent la manifestation. Les Pentacles signifient la constance et les cinq sens physiques du monde matériel dans lequel nous existons.

L'enseigne des Pentacles est liée aux personnes nées sous un signe de terre du zodiaque : Taureau, Vierge et Capricorne. Sur le plan physique, les figures de l'enseigne des Pentacles représentent des personnes au teint chaud et mat, et aux yeux bruns ou noisette. Les personnes qui sont attirées par l'enseigne des Pentacles peuvent être terre-à-terre, sensuelles, partager une affinité avec le monde naturel et avoir le sens des réalités et les pieds sur terre. Ce sont les nourriciers, les hôtes généreux et les personnes au foyer dans le meilleur sens du terme possible.

As de Pentacle

Un large pentacle d'or, droit et entrelacé, flotte dans les airs. Le ciel à l'arrière-plan est d'une couleur rose caractéristique de l'aube, et des nuages doré et rose sont derrière le pentacle. La surface du précieux pentacle d'or est ornée d'un motif de feuilles, et le pentacle même est entouré de chèvrefeuille du jardin en fleur et entrelacé. Le chèvrefeuille est une solide plante grimpante à fleurs associée à l'élément de la terre et à la planète Jupiter. C'est une plante puissante utilisée dans les sortilèges de prospérité et de chance, ce qui rend sa présence dans cette enseigne de la terre tout à fait appropriée. Les fleurs de chèvrefeuille écloses sont le symbole de nouvelles et agréables possibilités. L'As de Pentacle, l'une des lames les plus positives du tarot, est une lame de prospérité, de fertilité, de richesse, de stabilité et de croissance. Elle symbolise la manifestation actuelle et positive de votre magye dans le monde physique.

Significations

L'As de Pentacle est la forme la plus puissante et la plus pure de l'élément féminin de la terre. Cet as nous montre toute la générosité que représente l'enseigne des Pentacles. Soyez créative et mettez à exécution ces idées florissantes pour atteindre la réussite matérielle. Comme le pentacle flotte dans les airs, cette lame symbolise traditionnellement l'idée que l'argent pourrait bien simplement se manifester dans votre vie comme par magie. Cette lame peut représenter un don ou une occasion inopinée qui vous tombe dessus. Toutefois, sur une note plus réaliste, cette lame — étant la forme la plus pure de l'élément de la terre — vous rappelle de garder les pieds sur terre et d'utiliser votre bon sens. Ce pragmatisme et ce bon jugement vous guideront, vous et votre magye, vers la réussite. Cette lame illustre souvent un désir d'aider les autres sur les plans ordinaire et magyque. L'As de Pentacle signifie une affection profonde et durable pour la beauté de la nature, et un talent pour la magye verte.

Mots-clés : Richesse, abondance, santé, bonheur, sécurité, bonne fortune. Amour de la nature, magye verte et phytothérapie. Magye manifestée dans le monde physique. L'élément de la terre.

Inversée : Une entrée d'argent attendue retardée. Avidité, problèmes financiers, échec de sortilèges. Manque de foi en vos propres talents magyques.

Deux de Pentacle

Un jeune homme jongle avec deux pentacles d'or. Il est vêtu de vert et de brun aux tons de terre, un lien visuel avec l'élément de la terre. Les pentacles d'or avec lesquels il jongle sont dans les airs, au-dessus de ses mains tendues. Les deux pentacles se trouvent dans les boucles d'un symbole de l'infini horizontal, le même symbole de lemniscate que les lames du Magicien et de la Force. Le jeune homme a les yeux fermés, comme s'il était tellement doué au jonglage qu'il n'avait même pas besoin de regarder les pentacles. Le Deux de Pentacle nous montre une personne heureuse, facile à vivre. Peu importe l'environnement dans lequel elle évolue, elle trouve toujours un moyen de jongler avec les choses et de les concilier. À l'arrière-plan, derrière le jeune homme, figurent un ciel bleu éclatant, des nuages cotonneux de beau temps, la mer et un bateau qui navigue sur les vagues et les courants. Bien que les eaux soient agitées, ce bateau continue son chemin. C'est un clin d'œil pour vous faire penser à faire de même.

Significations

Si cette lame est tirée dans un tirage, elle symbolise la nécessité de développer de nouvelles compétences. Cependant, cela ne vous posera pas de problème, étant donné que vous êtes experte dans l'art de jongler avec plusieurs choses à la fois, avec aisance et plaisir. Cette lame illustre aussi que vous avez potentiellement un choix à faire à propos de deux choses matérielles différentes. C'est la lame des deuxièmes chances, ou peut-être de la nécessité d'assumer un second travail ; le Deux de Pentacle est la lame de la polyvalence par excellence. Enfin, cette lame peut également indiquer un moment où il faut faire attention à l'argent. Surveillez vos finances personnelles et équilibrez votre budget.

Mots-clés : Polyvalence. Secondes chances, second travail. Gardez vos finances personnelles à l'œil. Équilibrez votre budget.

Inversée : Se sentir abattue. Manque de concentration. Compte en banque à découvert.

Trois de Pentacle

Un apprenti sorcier vêtu d'une chemise à motifs, d'un vert terreux, est assis pensivement à un vieux bureau en bois. Derrière lui, un mur de pierre est percé d'une grande fenêtre cintrée constituée d'un vitrail aux couleurs vives représentant trois pentacles taillés dans le dessin du verre. Le jeune homme studieux tient une plume à la main et reproduit patiemment une amulette sur le parchemin devant lui. Le pentacle qu'il dessine est une représentation des forces utilisées pour la manifestation de sa magye et un symbole de son développement spirituel. Bien que le jeune homme soit toujours un apprenti, il utilise ses talents sagement et de façon créative. L'apprenti tire une satisfaction silencieuse et continue de son travail et de sa progression dans l'art. Sur son bureau figurent d'autres instruments caractéristiques de sa profession : une bouteille d'encre, une bougie verte allumée, une touffe d'herbes fraîches et une bouteille de potion magyque bouillonnante. Un chat enchanté aux yeux émeraude est assis d'un air complice à ses côtés et surveille le jeune homme alors que la fumée dorée de la bougie à sortilège s'élève. Avec le temps, l'apprenti deviendra un maître de son art, grâce à son travail acharné et à son dévouement.

Significations

Si le Trois de Pentacle sort dans un tirage, il vous avertit que vous réussirez à force de concentration et de travail acharné. C'est une lame positive de progrès — une lame qui vous rappelle que vos talents créatifs devraient être utilisés à bon escient. Ces talents vous apporteront la réussite et vous aideront à arrondir vos fins de mois, si vous le désirez. C'est la lame du travail indépendant et une lame d'apprentissage (d'où le thème d'« apprenti sorcier » de la lame). L'apprentissage en lui-même est peut-être une chance d'acquérir une nouvelle compétence professionnelle, ou alors une occasion de s'inscrire à un programme de formation professionnelle va peut-être se présenter. Le Trois de Pentacle peut aussi représenter un apprentissage magyque. Vous allez peut-être commencer un nouveau cours dans l'étude de la magye ou vous êtes peut-être en train de travailler à l'obtention d'un nouveau rang dans votre coven. Votre travail acharné ne passera pas inaperçu et sera apprécié par les autres. Le temps est maintenant venu de perfectionner votre art.

Mots-clés : Travail acharné, emploi, progrès. Réussite à force de dévouement. Utilisation créative de vos talents. Apprentissage et accomplissement magyques.

Inversée : Occasions manquées, fainéantise. Aucune patience pour les détails. Travail peu gratifiant.

Quatre de Pentacle

Un homme d'un certain âge, aux cheveux gris et portant de petites lunettes rondes, est assis seul. Il revêt des vêtements élégants, somptueux, vert et doré. Il est juché sur le seuil en pierre de sa belle petite maison, devant une porte d'entrée fermée, cintrée et en bois finement sculpté. Une couronne d'herbes pend de façon charmante sur la porte de la maison. L'homme a un peu l'air suspect tandis qu'il étreint un pentacle d'or contre lui. Il est penché au-dessus d'un deuxième pentacle et en a deux autres placés soigneusement sous ses pieds, comme s'il avait peur que quelqu'un d'autre touche à ses pentacles d'or ou tente de s'en emparer. Le langage de son corps crie clairement « à moi ! », ce qui nous fait nous demander : l'homme est-il seulement un vieil avare ? Pourrait-il simplement manquer de confiance en lui et avoir peur ? Ou a-t-il sacrifié ses relations personnelles en vue de réussir et se retrouve-t-il maintenant seul ?

Curieusement, une belle couronne de chèvrefeuille en fleur pend sur la porte d'entrée de l'homme. Cette plante est souvent utilisée dans les sortilèges de prospérité. La couronne même est un symbole des saisons changeantes et des cycles de la vie ; elle contraste nettement avec la résistance de l'homme face au changement.

Pourquoi se cramponne-t-il aussi fort à ces pentacles ? Que garde-t-il réellement ? Ses barrières sont dressées et il ne veut pas descendre de ces marches et interagir avec qui que ce soit. Peut-être devrait-il mieux écouter le message du chèvrefeuille composant sa couronne, puisque dans le langage des fleurs, les fleurs de chèvrefeuille représentent la générosité.

Significations

Si le Quatre de Pentacle se présente dans un tirage, il vous avertit que quelqu'un garde quelque chose d'une manière malsaine. Cette personne est peut-être avare ou cupide et s'accroche à son argent. Peut-être est-elle obstinée et a-t-elle étouffé ses émotions (ce dernier exemple est peut-être le cas si la lame de l'Hermite apparaît également dans le tirage).

La lame du Quatre de Pentacle met en garde contre une opposition au changement. Donc, maintenant que vous avez reçu la confirmation, sachez que le changement est une bonne chose ; acceptez les changements dans votre monde. Détendez-vous et respirez. Vous avez peut-être atteint vos buts, mais vous ne savourez pas cette réussite. Souvenez-vous que rien n'est fixe ; tout est en mouvement. Acceptez-le et allez de l'avant. Il est temps d'abaisser un peu vos barrières. Reprenez contact avec vos amis et votre famille, et retrouvez la joie de vivre.

Mots-clés : Opposition au changement. Solitude, barrières malsaines. Atteindre vos objectifs, mais rester malheureuse. Obstination. Le besoin de se détendre et d'accepter le changement avec grâce.

Inversée : Égoïsme, cupidité, thésaurisation. Peurs accablantes à propos de l'argent.

Cinq de Pentacle

Cinq pentacles d'or entrelacés pendent à un arbre dépouillé de ses feuilles. C'est l'hiver, et le pied de l'arbre et le coteau sont recouverts de neige. Les branches dénudées ressortent de façon spectaculaire du paysage hivernal. Un ciel de glace, froid et nuageux, occupe l'arrière-plan. Cette lame mineure peut symboliser le fait que vous vous sentez exclue, dans le froid, loin d'amants, d'amis et d'autres sorcières. Cependant, cette lame n'est qu'une affaire de perception. Par exemple, la couche de neige peut symboliser l'isolement ou, au contraire, elle peut donner un aspect frais et propre à un paysage morne par ailleurs. La neige peut être un signe qu'il est temps de prendre un nouveau départ. À l'avant-plan, un unique perce-neige émerge de la couche de neige. La fleur de perce-neige symbolise le renouveau et la consolation dans l'adversité, qui sont les réels messages de cette lame.

Significations

Si le Cinq de Pentacle sort dans un tirage, il indique un passage à vide. La consultante éprouve peut-être des problèmes d'argent ou se sent isolée des autres qui partagent le même système de croyances. Elle ressent peut-être un sentiment de déconnexion et d'isolement, ou elle perd peut-être la foi en elle-même. L'anxiété et le stress règnent, et l'attention doit viser à surmonter les temps durs au lieu de céder à la peur et de s'apitoyer sur son propre sort. Cette fleur de perce-neige est révélatrice ; elle montre que la vie continue et que la renaissance est possible. Vous pouvez recevoir de l'aide si vous le demandez. Peu importe à quel point l'hiver peut se montrer sombre ou froid, le printemps, la croissance et de nouvelles possibilités se présenteront bientôt.

Mots-clés : Problèmes d'argent. Anxiété, stress ; surmonter les temps durs. Se sentir exclue ou isolée. Renouveau et espoir dans l'adversité.

Inversée : Perte, tristesse, regret, remords.

Six de Pentacle

Un aimable gentilhomme vêtu de vêtements élégants aux couleurs terre, vert et bronze, apparaît en train de faire pleuvoir six pentacles d'or sur des enfants pauvres. Il a des cheveux foncés et un visage souriant. Sa casquette vert émeraude en velours est parée d'une grande plume. Autour du cou, il porte un collier en or. Sa majestueuse cape est bordée de fourrure. Les six pentacles glissent de la main généreuse de l'homme et atterrissent dans les mains tendues des enfants. Il est visiblement ravi de pouvoir aider des personnes qui ont moins de chance que lui. L'arrière-plan est radieux ; on voit de l'herbe verte luxuriante et un beau ciel bleu, ce qui symbolise un moment heureux et favorable. Les enfants à l'avant-plan sont un jeune garçon et une jeune fille. Leurs vêtements paraissent un peu usés, comparativement à ceux du gentilhomme ; pourtant, l'expression sur leurs visages montre à quel point ils sont ravis des généreux cadeaux de leur bienfaiteur. La vraie leçon de cette lame est de donner et de recevoir. Il existe un équilibre entre ces deux actions. Cette lame est avant tout une illustration de l'énergie positive qui circule entre le gentilhomme et les enfants, plutôt qu'une illustration de la charité.

Significations

C'est une lame de générosité et de cadeaux reçus. Le cadeau est quelque chose qui a de la valeur — pas nécessairement de l'argent. Le cadeau consiste peut-être à donner un coup de main, à consacrer votre temps ou votre attention à quelqu'un, ou même à partager vos talents. Habituellement, c'est une lame d'aide et de dons à une noble cause. Ce « cadeau » peut prendre la forme d'un soutien financier ou affectif, d'une occasion de faire du bénévolat ou d'une manière de rendre à la communauté. Une autre signification est de payer volontiers une dette karmique. Cette lame apparaît également lorsqu'une bourse d'études se profile à l'horizon. De l'énergie abondante, positive et favorable circule librement en ce moment. C'est un moment opportun pour la magye de prospérité.

Mots-clés : Donner et recevoir. Générosité. Donner volontiers votre temps et vos talents. Faire du bénévolat ou rendre à la communauté. Acte de charité, bourses d'études, paiement d'une dette karmique. De l'énergie de prospérité circule en ce moment.

Inversée : Vol ; se sentir trahie, être victime d'une escroquerie, se sentir utilisée par quelqu'un. Doute sur les motivations de quelqu'un d'autre.

Sept de Pentacle

Un jeune homme aux cheveux foncés se tient à côté d'une haute et luxuriante plante verte. Sur la plante se trouvent sept pentacles d'or. Le jeune homme repose son menton sur ses mains gantées qu'il tient croisées. Il semble fatigué, mais satisfait tandis qu'il fait une pause dans son jardinage et s'appuie sur un outil de jardinage à long manche. Le jeune homme porte des vêtements pratiques et robustes de style médiéval affichant des nuances terreuses de vert, de jaune et de brun, qui sont appropriés pour travailler dans un jardin. Le ciel derrière lui est bleu, dégagé et radieux, et le paysage environnant est vert et luxuriant. Le jeune homme est récompensé pour tous les efforts, le temps et le travail qu'il a consacrés au soin de cette plante. L'outil de jardinage sur lequel il s'appuie pourrait être une pelle plantée dans le sol ou une houe cachée dans l'herbe luxuriante. Dans les deux cas, il vise à vous rappeler que vous disposez de nombreux outils dans votre quête de réussite et de prospérité. Il est temps de choisir l'outil le plus approprié pour la tâche, de vous en emparer et de l'utiliser. Appliquez-vous ; tous vos efforts et votre travail acharné porteront leurs merveilleux fruits, de la même manière que ceux de ce jeune jardinier l'ont fait.

Significations

Si le Sept de Pentacle surgit dans un tirage, il témoigne de récompenses après un travail acharné. C'est la lame de la récolte. Les récompenses valaient bien tous les efforts que vous avez consacrés à la réalisation de vos objectifs et de vos projets. L'enseigne des Pentacles est liée à la richesse matérielle, et c'est également l'enseigne de la manifestation. Il est maintenant temps de s'installer confortablement, de faire le point sur ce que vous avez accompli et de profiter des fruits de votre labeur. Savourez la satisfaction d'un travail bien fait.

Mots-clés : Récolte, récolter les fruits de votre labeur. Satisfaction d'un travail bien fait. Appréciation. Le travail acharné est synonyme de récompenses abondantes.

Inversée : Occasions manquées. Il est temps de repartir à zéro. Déception.

Huit de Pentacle

Une sorcière est assise derrière une grande table en bois, dans un laboratoire d'alchimiste à la tombée du jour. Son visage affiche une expression pensive et elle porte une robe vert feuille avec de la dentelle au bout des manches. Elle tient un grand pentacle d'or dans les mains et l'astique soigneusement avec un chiffon. Sa chevelure bouclée est ébouriffée, comme si elle travaillait avec zèle depuis quelque temps déjà. Ses yeux verts sont fixés uniquement sur sa tâche. Sur la table devant elle reposent un grimoire ouvert, une bougie allumée, un morceau de bois de cerf, quelques touffes d'herbes fraîches et un crâne humain. Son compagnon, un corbeau, est perché sur le dossier de sa chaise et semble surveiller la pièce pour sa maîtresse. Représentant les mystères de l'Art et de la magye, les corbeaux sont les alliés animaux traditionnels de la voyante. Derrière la sorcière, sur le mur de pierre le long de grandes fenêtres à meneaux, pendent élégamment sept autres pentacles d'or. Elle a presque fini et termine de polir ce huitième pentacle. Sa tâche sera bientôt terminée, et elle ajoutera alors le dernier pentacle aux sept autres qui sont exposés si soigneusement sur le mur. Sur cette lame, on voit que la sorcière se soucie plus de l'intégrité du travail en lui-même que de la gloire qu'elle pourrait en tirer une fois sa tâche finie.

Significations

Si le Huit de Pentacle sort dans un tirage, il indique une période de connaissance pratique, de détermination et de savoir-faire. C'est une période d'entraînement pratique ou d'étude intensive dans votre domaine professionnel ou dans celui des arts magyques. Voici une occasion de vous immerger dans un projet créatif tel que l'art ou l'écriture. En étant concentrée, disciplinée et appliquée dans votre projet, vous utiliserez votre savoir-faire à bon escient. En combinant tous vos talents à un travail acharné, vous réussirez. Le Huit de Pentacle n'est pas une lame de gloire ; c'est une lame qui vous rappelle comment vos efforts, votre concentration et votre créativité apportent souvent croissance, profit et sentiment de satisfaction. Cette lame peut aussi sortir dans un tirage lorsqu'un long projet complexe est sur le point de s'achever avec succès.

Mots-clés : Assiduité, savoir-faire, souci du détail. Étude et pratique des arts magyques. Travail en cours, un projet qui est sur le point de s'achever avec succès.

Inversée : Manque d'engagement. Aucune ambition. Achèvement d'un projet retardé.

Neuf de Pentacle

Une sorcière de jardin se tient souriante et seule sous une tonnelle, dans un jardin luxuriant. Elle est entourée de feuillage verdoyant et de fleurs, et elle semble presque danser. Manifestement, elle est heureuse, confiante et autosuffisante. La femme a des cheveux bruns et des yeux verts, tandis que sa robe en velours est d'un brun terreux profond avec une garniture vert forêt. Ses pouvoirs sont accrus par sa présence dans le jardin, au cœur de la nature. Ses boucles d'oreille en or sont un clin d'œil discret à sa réussite et à sa prospérité. Autour du cou, elle porte un collier composé de neuf tourmalines vertes. Ces neuf pierres fines constituent un lien avec le numéro de sa lame, tandis que la tourmaline verte est la pierre complémentaire de l'herboriste et de la jardinière magyque.

Neuf grandes fleurs jaunes magyques à cinq pétales poussent et s'enroulent autour de la tonnelle. Au centre de chacune de ces neuf fleurs en forme d'étoile se trouve un pentacle d'or. Un magnifique faucon est perché sur la tonnelle, juste au-dessus de la femme, comme s'il lui tenait compagnie. Le faucon est son allié animal. Le faucon sur cette lame représente la concentration, l'intuition, l'inspiration et la confiance en soi. Cette lame nous apprend l'un des mystères de l'Art : interagir avec la nature et travailler la terre accroît réellement votre spiritualité.

Significations

Si le Neuf de Pentacle fleurit dans votre tirage, il indique une période de joie et d'abondance. Cette lame du tarot représente habituellement une personne élégante, qui réussit et qui est des plus heureuse lorsqu'elle est entourée de belles choses dans la nature. Elle symbolise une sorcière qui puise dans l'élément de la terre pour recevoir ses pouvoirs. Quel que soit son titre — sorcière de jardin, sorcière verte ou herboriste magyque —, c'est une personne pragmatique, qui a le sens des réalités et qui aime la nature, qui constitue et entretient un magnifique foyer, et qui cultive un jardin magyque. En outre, cette lame représente le partage de la magye et des secrets du jardin avec d'autres. Vous êtes invitée à vous connecter à la terre et à étudier ses mystères. Enfin, le Neuf de Pentacle peut représenter la fin de soucis financiers. Il annonce une période de concentration productive, de confiance en soi et de développement personnel.

Mots-clés : Sorcière de jardin, magye des herbes, magye verte. Bonheur, réussite, confiance en soi, abondance, autosuffisance. Les pouvoirs magyques et la spiritualité peuvent être améliorés en vous salissant les mains et en travaillant la terre.

Inversée : Un manque d'inspiration spirituelle. Autosatisfaction. Même si vous avez réussi, ne considérez pas cette réussite comme acquise ; continuez à travailler et à aller de l'avant.

Dix de Pentacle

Un heureux couple aimant s'étreint et regarde leur bébé et le grand-père de ce dernier à l'avant-plan. Le grand-père est assis sous une voûte en pierre avec son descendant sur les genoux qu'il fixe avec amour. Le grand-père a le visage fendu d'un sourire entendu ; peut-être est-il l'un des Sages. Une lumière rayonnante et vive se diffuse de la main de l'aïeul sur le bébé. Enchanté par la lumière, le bébé rit, le visage levé vers son grand-père. Cette scène illustre les connaissances magyques ou les talents psychiques qui sont transmis par vos ancêtres ou hérités de ceux-ci. Le lien familial est solide et fort. L'adorable grand chien de la famille essaie aussi d'obtenir un peu d'attention et s'est affalé dans l'herbe à côté d'eux, tel un protecteur. Le chien est un symbole classique de loyauté et de compagnie.

Au-dessus des quatre personnages figurent 10 pentacles d'or droits. Au loin, à l'arrière-plan, on voit l'imposante résidence à tourelles de la famille, un terrain paysagé et de superbes jardins. Les jardins sont des endroits magyques, et sur cette lame, on voit que les jardins du charmant foyer sont soigneusement entretenus — à l'image de la relation qui unit les membres de la famille.

Significations

En général, cette lame signifie la réussite, la sécurité financière et le soutien affectif ou peut-être financier de vos proches ou de vos êtres chers. En qualité de dernière lame numérale dans l'enseigne des Pentacles, elle montre l'issue ultime de l'abondance et de la spiritualité : un foyer heureux ainsi que des amis et une famille aimants. Par « famille », j'entends le lien affectif fort entre les membres d'un groupe de personnes qui partagent de l'affection. Souvenez-vous que la famille est plus que seulement des parents liés par le sang. La famille peut être votre partenaire, vos enfants, vos amis, vos animaux de compagnie ou les membres de votre coven. Si cette lame apparaît dans un tirage, la consultante a une « famille » aimante et une vie de famille heureuse. C'est la lame de l'engagement, de la loyauté, de la communauté et de la réussite. Cette lame peut aussi symboliser l'héritage d'un talent psychique ou magyque transmis de génération en génération. La magye est tout autour de vous ; accueillez-la.

Mots-clés : Engagement. Communauté et réussite financière. Famille ou coven heureux et contents. Soutien, gratitude, loyauté. Un héritage familial de magye. Talents psychiques hérités.

Inversée : Le poids des problèmes de la famille ou du coven. Conseil non sollicité et malvenu, ou interférence dans votre vie personnelle. Un groupe qui ne vous chérit pas, mais au contraire, vous étouffe et vous garde sous son emprise. Des conflits nés d'un testament ou d'une succession.

Valet de Pentacle

Une jeune femme au teint mat, aux cheveux noirs et aux yeux bruns est debout et tient un grand pentacle d'or. Elle se trouve dans un jardin, sous un magnolia en fleur. À l'arrière-plan, on voit un beau ciel bleu et un paysage verdoyant. Le valet tient le pentacle et semble l'étudier avec la plus grande minutie. Elle porte une romantique robe vert printemps avec une garniture de fleurs rose. Un pendentif en forme de fleur à cinq pétales pend autour de son cou et constitue un pentagramme discret. Sa robe, les couleurs du vêtement, la garniture de fleurs et son médaillon représentent tous des liens subtils avec la terre, l'élément dominant de l'enseigne des Pentacles. Une biche blanche sort de derrière l'arbre, juste derrière le Valet de Pentacle. La biche broute paisiblement l'herbe verte et est le compagnon de la jeune femme. Traditionnellement, une biche blanche est une créature féerique. La biche blanche vous invite à explorer le royaume des fées. Cette biche venue d'un autre monde symbolise la magye et les miracles. Le magnolia qui fleurit d'une façon si charmante sur cette lame correspond également à l'élément de la terre. Enfin, dans le langage des fleurs, la fleur de magnolia symbolise la douceur, la beauté, la persévérance et l'amour de la nature.

Significations

Le Valet de Pentacle représente une personne qui est studieuse et calme. Elle est généreuse, gentille et c'est une « réparatrice ». Ce valet dénote non seulement un ami fidèle, mais aussi un ami qui travaillera dur pour atteindre ses objectifs. À force de concentration et de travail acharné et concret, il remportera un franc succès. Cette lame peut aussi symboliser une étudiante des arts magyques qui est enthousiaste, fascinée et complètement absorbée par ses études, ou une étudiante qui ressent l'appel d'explorer la magye féerique. Il est maintenant temps de vous concentrer sur votre spiritualité. Examinez la manière dont vos sortilèges se manifestent sur le plan physique. Si vous voulez que votre pratique de la magye prospère, vous devez lui laisser le temps de s'épanouir et de grandir.

Le message du Valet de Pentacle est le suivant : ouvrez les yeux, observez la nature et étudiez patiemment ses méthodes afin de comprendre les leçons de la magye de la terre qui vous y attendent.

Mots-clés : Une période d'étude. Amour de la nature. Patience, gentillesse, générosité. Être attirée par le royaume des fées. Enthousiasme, réussite. Prenez le temps de vous concentrer sur votre spiritualité.

Éléments associés : La terre et la terre. La terre est l'élément naturel rattaché à l'enseigne des Pentacles, tandis que les quatre valets sont également associés à l'élément concret de la terre.

Inversée : Être déconnectée de votre magye. Se sentir étouffée ou coincée dans le monde ordinaire. Ennui, manque de concentration.

Cavalier de Pentacle

Le Cavalier de Pentacle est patiemment assis, immobile, sur un cheval noir. Sa visière est relevée, et il observe attentivement la campagne alentour. Il semble amical, mais garde toujours un côté un peu mystérieux. Le pentacle d'or que le cavalier arbore sur son buste, tel un bouclier, symbolise sa fidélité inébranlable. Son armure est polie au point de reluire, et il porte une tunique et une cape vert gazon. Le vert est la couleur de la nature, des fées, de la fertilité et de la sorcellerie. La garniture, la bride et les rênes de son cheval affichent un motif de feuilles vertes, un autre lien visuel avec l'élément de la terre.

Le Cavalier de Pentacle est un représentant de la Déesse, au même titre que le Chevalier vert de la mythologie et de la légende arthurienne. Et tout comme ce Chevalier vert, le Cavalier de Pentacle ne cherche pas activement des batailles, mais il est tout de même prêt à l'action. Notez le cerf héraldique sur la couverture de parade émeraude de son cheval. En héraldique, le cerf symbolise l'harmonie, la paix et le fait que le cavalier ne se battra pas à moins d'être provoqué, ce qui en fait un symbole parfait pour notre Cavalier de Pentacle. À l'arrière-plan, on voit un ciel jaune à l'aube, des champs doré et vert et un ruisseau. La silhouette d'un magnifique cerf se découpe sur le paysage. Le cerf représente l'élément de la terre et les qualités que possède le Cavalier de Pentacle, comme la gloire, l'aplomb et l'intégrité.

Significations

Si le Cavalier de Pentacle arrive dans un tirage, attendez-vous à être mise à l'épreuve d'une manière ou d'une autre. Ce ne sera pas un scénario rempli de rebondissements, mais un test de votre honneur et de vos croyances personnelles, fait dans le calme. Souvenez-vous que le Chevalier vert légendaire « testait » d'autres cavaliers. Tout en étant un personnage amical, il demeurait mystérieux. Dans un tirage, le Cavalier de Pentacle représente également un jeune homme terre-à-terre, au teint et aux yeux foncés. Il est aimable, compatissant, fiable, fidèle, travailleur et pragmatique. Cette lame peut aussi laisser présager une inscription future dans une université, dans une profession ou dans une école technique. À l'instar de toutes les autres lames de cavalier, le Cavalier de Pentacle est aussi une lame de mouvement, mais dans ce cas, le mouvement est plus méthodique. Ce cavalier prend son temps, observe activement son environnement et va ensuite de l'avant intelligemment pour surmonter tout défi.

Le défi pour le Cavalier de Pentacle est d'observer son environnement de façon active et d'effectuer des mouvements méthodiques. Surmontez tout défi de cette façon et vous remporterez une douce victoire.

Mots-clés : Un jeune homme terre-à-terre, pragmatique. Travail acharné, observation active, endurance, patience, responsabilité. Surmonter méthodiquement les défis de la vie.

Éléments associés : La terre et le feu. La terre est l'élément naturel rattaché à l'enseigne des Pentacles, tandis que les quatre cavaliers sont associés à l'élément énergétique du feu.

Association astrologique : Vierge.

Inversée : Votre chemin est semé d'embûches et êtes possiblement maudit. Le temps est venu d'observer attentivement votre environnement avant de venir à bout des problèmes de façon méthodique. Cela prendra du temps.

Dame de Pentacle

La belle et exotique Dame de Pentacle siège sur son trône floral ; une tonnelle de roses rouges grimpantes se trouve au-dessus d'elle. Elle a des yeux foncés, et des rubans verts sont insérés dans les tresses de sa chevelure de jais. Sa robe affiche des tons de vert terreux. Elle porte une couronne faite de feuilles d'or et sertie d'émeraudes carrées. Sur son front, la dame arbore un bindi rouge. C'est un symbole du troisième œil mystique et de la sagesse. Plus particulièrement, la couleur rouge des gemmes constituant son bindi représente l'honneur, l'amour et la prospérité. Comme il sied à la royauté, elle porte un lourd et somptueux collier d'émeraudes carrées autour du cou. L'émeraude est une pierre enchanteresse qui dote son porteur du bonheur suprême et de la loyauté. La dame tient un pentacle d'or dans sa main droite, et dans le creux de son bras gauche reposent des tulipes blanc et vert, du chèvrefeuille et du blé doré, attachés en un bouquet à l'aide de rubans vert pâle. Derrière le trône de la dame, un superbe paysage et un ciel bleu s'offrent au regard, tandis qu'un mignon chien brun est assis à ses pieds. Les fleurs que tient la dame sont toutes liées à l'élément de la terre. Les tulipes vertes symbolisent la prospérité et la chance en amour ; le chèvrefeuille, la fortune et l'affection dévouée ; et le blé, l'abondance et les richesses. Les roses rouges qui garnissent la tonnelle autour de la dame signifient la beauté et l'amour. Le chien correspond à l'élément de la terre et est un symbole de loyauté et de compagnie.

Significations

Si la Dame de Pentacle apparaît dans un tirage, cherchez la mère nourricière par excellence. Cette lame représente une femme mature qui peut avoir des cheveux et des yeux foncés. Elle a le sens des réalités et entretient un amour profond pour la nature et une connexion spirituelle avec la terre. Comme cette dame est sensuelle, superbe et aime les belles choses, elle travaillera dur pour obtenir et préserver ce qu'elle chérit. En jardinant, en cuisinant ou en redécorant, elle est toujours en train de créer ou de s'occuper de quelque chose ou de quelqu'un. Cette dame est très heureuse lorsqu'elle prend soin d'autres personnes. C'est une femme et une mère dévouée, une amie amusante, une hôtesse généreuse et une amante passionnée, le tout incarné par une seule personne. La Dame de Pentacle est souvent liée à la lame de l'Impératrice. Si elles sortent dans un même tirage, cela signifie que l'accent est mis principalement sur la maternité. La Dame de Pentacle est sans conteste la lame de la nourrice. Cette lame témoigne de foyers chaleureux, douillets ; de familles heureuses ; d'animaux de compagnie chéris ; d'amis loyaux ; d'amusement et d'affection.

Le message de la Dame de Pentacle est d'accueillir votre amour des belles choses dans ce monde. Créez une belle ambiance magyque pour vous-même et vos êtres chers.

Mots-clés : Une femme née sous un signe de terre.
Une femme au foyer dans le meilleur sens du terme.
Épanouissement affectif. Hôtesse généreuse, amie loyale,
amoureuse de la nature, mère nourricière, épouse et
partenaire dévouée. Foyer. Maternité.

Éléments associés : La terre et l'eau. La terre est l'élément naturel rattaché à l'enseigne des Pentacles, tandis que les quatre dames sont associées à l'élément affectif de l'eau.

Association astrologique : Capricorne.

Inversée : Obsession pour les possessions et la richesse matérielle. Accorder trop d'importance à l'apparence et au statut social. Un faux ami. Suspicion, jalousie, infidélité.

Roi de Pentacle

Le beau Roi de Pentacle est assis sur son trône en or dans une cour extérieure dallée et s'appuie confortablement contre des coussins mauves royaux. Il a des cheveux noirs, une barbe et une moustache soignées, et des yeux brun foncé. Il porte une couronne en or en forme de feuilles, sertie d'émeraudes. Le Roi de Pentacle contemple un grand pentacle d'or qu'il tient dans sa main gauche. Son bras droit repose sur l'accoudoir de son trône, et il tient un sceptre en or. Le Roi de Pentacle porte une simple chaîne de fonction composée d'or et d'émeraudes. L'émeraude est une pierre inspiratrice qui dote son porteur de patience. Une cotte de mailles transparaît sous les vêtements royaux du roi, ce qui nous indique que même s'il est un dirigeant, il dispose toujours des compétences nécessaires pour défendre son pays et son peuple. Un cerf blanc héraldique apparaît sur le buste de la robe du roi. En héraldique, un cerf blanc est un symbole de royauté. Derrière le Roi de Pentacle, au loin, on voit un château à tourelles. Lorsque des châteaux figurent sur des lames de tarot, ils nous montrent que la quête de savoir et d'avancement est terminée, image appropriée pour la dernière lame des arcanes mineurs. Autour du roi pousse une vigne qui ploie sous le poids des grappes de raisins noirs bien mûrs. La vigne et les grappes de raisins symbolisent la prospérité, l'abondance et le bonheur familial.

Significations

Si le Roi de Pentacle se présente dans un tirage, sachez qu'en travaillant dur et avec détermination, la réussite est en bonne voie. Le Roi de Pentacle représente un homme aux cheveux foncés et aux yeux d'un brun profond. Il est facile à vivre, responsable et surtout, un homme réaliste. Étant né sous un signe de terre, il est fort, pondéré et mature, et profite des plaisirs simples de la vie. Il est doté d'une personnalité généreuse et solidaire, et constitue un époux aimant et loyal. C'est un père protecteur qui aime vraiment ses enfants. Cet homme réussit, est pragmatique et satisfait de sa vie. C'est un artiste talentueux qui aime pratiquer le jardinage, l'aménagement paysager, l'agriculture ou l'ébénisterie. Il est des plus heureux lorsqu'il travaille le sol ou crée quelque chose de ses mains. Il a travaillé dur et a mérité son confort et sa réussite.

La leçon du Roi de Pentacle est que vos efforts se sont manifestés sous la forme de la réussite. Vous attirerez la prospérité.

Mots-clés : Un homme né sous un signe de terre. Détermination, travail acharné, richesse, sécurité, réussite, responsabilité. Un artiste talentueux. Protecteur de la famille. Une personne mature sur laquelle on peut vraiment compter dans les situations difficiles.

Éléments associés : La terre et l'air. La terre est l'élément naturel rattaché à l'enseigne des Pentacles, tandis que les quatre rois sont associés à l'élément sage et attentionné de l'air.

Association astrologique : Taureau.

Inversée : Une personne qui broie du noir, têtue et un peu dominatrice. Matérialisme. Perdre de vue ce qui est réellement important.

Tirages de tarot

Quoi de plus convaincant, de surcroît,
que le geste de retourner les cartes sur la table ?

Jacques Lacan

Il existe de nombreuses façons de disposer les lames de tarot, ce qui vous permet de personnaliser et de prendre un peu de liberté lors de vos tirages. Il y a quelques tirages classiques, tels que le tirage à sept lames appelé « le fer à cheval » et le tirage à trois lames. N'oubliez jamais que la disposition des lames fournit la structure de tout tirage.

Faites toutefois confiance à votre instinct. Si, par exemple, le vieux tirage de la Croix celtique ne vous attire pas personnellement, ne l'utilisez pas. Dans le présent tarot, j'ai créé quelques nouveaux tirages de tarot sur le thème des sorcières. J'ai pensé, une fois que tout fut fait, qu'il serait mieux d'intégrer un élément nouveau et original pour le Tarot des sorcières. Ces tirages comprennent le tirage de la Triple Déesse, le tirage des quatre éléments et le tirage de la Roue de l'année. Chacun de ces nouveaux tirages comporte un verset de sortilège qui aide à affiner la divination.

Tirage à une lame

La simplicité est la sophistication suprême.

LÉONARD DE VINCI

Ce tirage est court, simple et va droit au but. Il vous fournit une réponse instantanée. Mélangez les cartes, puis étalez les lames faces cachées sur la table. Dites à haute voix : « Quelle est la chose que j'ai le plus besoin de savoir ? » Choisissez maintenant une lame. Vous pouvez tendre la main au-dessus des lames et voir laquelle vous « donne l'impression » d'être la bonne, ou choisir au hasard. Retournez la lame, et voilà votre réponse.

Voici d'autres bonnes questions pour un tirage à une lame :

- Quelle est ma leçon personnelle du jour ?
- Mes guides, le Dieu ou la Déesse ont-ils un message pour moi aujourd'hui ?
- Que dois-je savoir avant de lancer ce sortilège ?
- Comment mes sortilèges se manifesteront-ils ?

Enfin, un tirage simple, à une lame, est une agréable façon de saisir les quelques leçons que votre journée peut comporter. Mélangez les cartes, demandez aux dieux de guider votre main et de vous aider à saisir leur message, et tirez une lame. Ce tirage est également amusant à faire lors d'une réunion de coven. Demandez simplement à chaque membre de tirer une lame avant de faire passer le paquet dans le cercle, dans le sens des aiguilles d'une montre. Débattez des significations et discutez des lames avec les membres de votre coven.

Tirage à trois lames

Par conséquent, quand l'esprit se connaît et s'aime,
il reste une trinité, soit l'esprit, l'amour et le savoir.

PETER LOMBARD

Les tirages à trois lames sont amusants. Il existe de nombreuses manières différentes d'interpréter un trio de lames. L'un des tirages à trois lames les plus répandus est le suivant :

1) Passé
2) Présent
3) Futur

Ou alors, lorsque vous faites appel à la divination pour trouver la réponse à un problème ou à une situation problématique, vous pouvez utiliser cette interprétation, où les positions des trois lames sont définies ainsi :

1) Ce que vous ignorez à propos du problème actuel
2) Ce qui vous gêne
3) Comment procéder pour obtenir les meilleurs résultats

Pour ajouter une petite touche de sorcière à un tirage à trois lames, mélangez soigneusement les lames, et ce faisant, prononcez la première ligne de ce sortilège :

Par tous les pouvoirs de la magye du trois…

Étalez alors les trois lames faces cachées, puis dites :

Ces lames vont maintenant me révéler leur sagesse.

Retournez maintenant les lames et interprétez-les.

Tirage du fer à cheval à sept lames

La réussite d'un tirage ne dépend pas des faits,
mais de son effet sur la consultante, et de sa capacité à émouvoir
et à changer une personne de manière positive.

Mary K. Greer

Ce tirage de tarot est sans l'ombre d'un doute mon type de tirage préféré. L'avantage de ce tirage est que vous pouvez superposer une deuxième série de lames sur la première. Cette possibilité assure une signification plus profonde et une meilleure compréhension dans votre tirage. Mélangez bien les lames et posez votre question. Distribuez sept lames de gauche à droite de manière à former un fer à cheval. Maintenant, observez attentivement les lames qui constituent votre tirage.

- La première lame du tirage, en commençant par la gauche, signifie le passé et ce qui vous a amenée jusque là.
- La deuxième lame représente le présent, c'est-à-dire ce qui se passe en ce moment même.
- La troisième lame montre le futur, ce qui ne s'est pas encore produit.
- La quatrième lame représente votre meilleur plan d'action ou la meilleure manière de procéder.
- La cinquième lame représente les autres personnes impliquées dans la situation : leur identité, leurs motivations et la manière dont ils influencent votre vie.
- La sixième lame signifie vos obstacles et vos peurs.
- La septième et dernière lame est la lame de l'issue.

Tirage du significateur

Un homme n'est peut-être pas toujours ce qu'il semble être, mais ce qu'il semble être constitue toujours une part considérable de ce qu'il est.

Willard Gaylin

Un significateur est une lame utilisée comme accessoire, ou outil, pour aider à la concentration lors d'un tirage de tarot. Cette lame représente habituellement la consultante (la personne qui interroge, ou la cliente). Le significateur peut aussi servir à illustrer les circonstances qui ont poussé une personne à demander une séance de voyance, telles que la lame de la Grande Prêtresse pour une sorcière se renseignant sur la meilleure manière de régler des problèmes dans son coven, ou celle du Grand Prêtre pour un monsieur qui se demande quelle serait pour lui la bonne voie magyque ou quelles études il devrait entreprendre. Utilisez votre imagination. Quelle autre lame majeure utiliseriez-vous comme point de référence pour diverses situations ?

Lorsqu'un significateur est utilisé dans un tirage, il est retiré du tarot et placé au centre de la table, la face tournée vers le haut, afin que vous puissiez facilement le voir et vous concentrer dessus. Le reste des lames est mélangé, puis distribué autour du significateur pour différents types de tirages.

Si un significateur est utilisé pour représenter la consultante, on choisit généralement la figure qui ressemble le plus à la cliente sur le plan physique. Jetez un coup d'œil aux classifications suivantes des figures comme significateurs.

Apparence physique associée aux significateurs

L'enseigne des Coupes symbolise une personne aux cheveux blond foncé ou blond clair, et aux yeux bleus ou verts.

L'enseigne des Bâtons représente les personnes au teint clair, aux cheveux roux ou blonds, et aux yeux bleu clair ou gris.

L'enseigne des Épées illustre une personne aux cheveux bruns et aux yeux verts, bleus ou noisette.

L'enseigne des Pentacles correspond aux personnes aux cheveux foncés, aux yeux brun foncé et au teint mat.

Le problème de cette classification est que chaque couleur de cheveux et de peau n'est pas représentée, donc considérez les suggestions ci-dessus plus comme des recommandations que de véritables règles.

Figures comme significateurs : personnalités astrologiques et élémentaires

Tous les êtres humains sont étroitement liés entre eux,
ne formant qu'un avec tous les autres éléments de la création.

HENRY REED

Vous pouvez utiliser les différents personnages des figures pour préciser encore davantage votre significateur : utilisez les valets pour les enfants, les cavaliers pour les jeunes adultes, et les dames et rois pour les personnes d'âge moyen et avancé. En outre, vous pouvez associer le significateur au signe astrologique de la consultante, ou faire comme moi et utiliser ses traits de personnalité élémentaire pour l'apparier avec la figure la plus complémentaire.

Je trouve que cette technique fonctionne à merveille !

Signes astrologiques associés aux significateurs

Les Coupes : Cancer, Scorpion et Poissons (eau)

Les Bâtons : Bélier, Lion et Sagittaire (feu)

Les Épées : Gémeaux, Balance et Verseau (air)

Les Pentacles : Taureau, Vierge et Capricorne (terre)

Traits de personnalité élémentaire associés aux significateurs

Mystique, empathique et sensible ? L'eau — les Coupes

Intelligent, cérébral et plein d'esprit ? L'air — les Épées

Fougueux, passionné et extraverti ? Le feu — les Bâtons

Terre-à-terre, pragmatique et facile à vivre ? La terre — les Pentacles

Enfin, lors du choix d'un significateur, j'ai tendance à utiliser les valets pour les jeunes personnes, les dames pour les femmes, et les rois ou cavaliers pour les hommes. Je laisse mon instinct et mon intuition guider ma main et mon choix. Par exemple, si j'étais en train d'effectuer un tirage pour une femme, j'observerais attentivement la personne pour qui j'effectue le tirage pour ensuite choisir laquelle des quatre dames se rapproche le plus de sa personnalité.

Le tirage de la Triple Déesse

Écoutez les paroles de la grande Mère...

DOREEN VALIENTE

L'idée de ce tirage de la Triple Déesse m'est venue lorsque Mark, l'artiste qui a dessiné les lames de ce tarot, travaillait sur les illustrations des arcanes majeurs. Je lui expliquais le concept de la Triple Déesse lorsqu'il achevait la lame de la Grande Prêtresse. Je lui ai dit que la lame de la Grande Prêtresse représentait en réalité la jeune vierge, tandis que la lame de l'Impératrice symbolisait l'aspect mère de la Déesse. Il a commenté en gloussant et en disant que cette précision devait expliquer pourquoi j'avais insisté pour que sa grossesse soit flagrante sur l'illustration. Quand je lui eus raconté que le troisième aspect était celui de la Vieille Déesse, nous avons clos notre conversation, puisque j'avais un autre livre à finir et lui de nombreuses illustrations sur lesquelles travailler.

Je relisais mes notes sur le scénario que j'avais rédigé un an plus tôt, mais mon regard était tout le temps attiré par les indications que j'avais écrites pour l'illustration de la lame de la Lune. Il y avait simplement quelque chose qui clochait. C'était vraiment classique, avec le visage de la vieille femme dans la lune décroissante, mais elle ne m'inspirait pas trop. Comme j'aime les images de tarot classiques, je ne savais pas trop quoi faire, donc j'ai décidé de laisser l'idée mijoter pendant quelque temps. Il me restait de toute façon quelques jours avant que Mark s'attaque à cette lame-là, j'ai donc préféré me préparer pour aller faire des courses.

J'ai enfilé un tee-shirt, qui par hasard était illustré de la Triple Déesse ; je me suis regardée dans le miroir et ça m'a sauté aux yeux :

en tant que tarot pour des sorcières, il n'existait aucune meilleure raison que d'attribuer un rôle essentiel à la Triple Déesse dans le tarot. La lame de la Lune était pour moi l'occasion de mieux interpréter la vieille femme.

J'avais une divinité en tête : l'une de mes préférées, Hécate. J'ai rappelé Mark et nous avons ensuite exposé nos idées. J'ai apporté quelques changements à mon scénario pour cette lame et je lui ai envoyé quelques images de référence. Il aimait l'idée d'utiliser Hécate et le fait que nous poussions cette lame plus loin que ce qu'on avait l'habitude de voir ou qu'on s'attendait à rencontrer — précisément comme Hécate elle-même.

J'ai senti que la Déesse regardait par-dessus mon épaule ce jour-là, et avec des images plein la tête de la future lame de la vieille femme, je me suis assise derrière mon bureau et ai écrit dans un cahier à spirales le tirage de la Triple Déesse. En voici la disposition.

Ce tirage utilise trois significateurs : la Grande Prêtresse pour la jeune vierge, l'Impératrice pour la mère et la Lune pour la vieille femme. Placez ces trois lames en ligne, puis mélangez soigneusement le reste des lames. Demandez à la Triple Déesse de partager sa sagesse avec vous. Répétez ce charme :

Jeune vierge, mère et vieille femme,
Guidez maintenant ma main et mon cœur.
Aujourd'hui, montrez-moi votre sagesse par cet art de sorcière.
Avec le pouvoir trois fois manifesté,
Qu'il en soit selon mes désirs.

Placez maintenant trois lames sous chacun des aspects de la Déesse. Vous aurez neuf lames en tout.

- La jeune vierge vous montre les possibilités : vos espoirs, vos rêves et ce qui ne s'est pas encore produit.
- La mère vous montre de quelle manière vos projets et objectifs ont porté leurs fruits et ce qui se passe en ce moment même.
- La vieille femme vous montre l'issue et votre karma : les choses qui sont invisibles et ce dont vous n'êtes peut-être pas consciente, ou ce à quoi vous avez peur de faire face.

Le tirage des quatre éléments

Terre et eau, air et feu, bâton, pentacle et épée…

DOREEN VALIENTE

Ce tirage nécessite quatre significateurs : les quatre as. Étant donné que les as symbolisent habituellement l'unité et la perfection de chacun des quatre éléments naturels, choisir les as comme points de référence pour ce tirage me semble tout à fait logique.

Pour commencer, retirez tous les as du paquet. Disposez-les de façon à avoir l'As de Pentacle (terre) au-dessus, l'As d'Épée (air) à droite, l'As de Bâton (feu) en bas et l'As de Coupe (eau) à gauche.

Prenez un moment pour vous canaliser et vous concentrer, et pour réfléchir sur le pouvoir de chacun des éléments et ce qu'ils apportent à votre vie. Demandez aux éléments de vous guider sur votre voie.

Répétez ce charme :

Éléments de la terre, de l'air, du feu et de l'eau,
Aidez-moi maintenant et prêtez-moi votre immense pouvoir.
Laissez vos énergies magyques rapidement tourbillonner,

Autorisez la force, la sagesse, le courage et l'amour à être trouvés.
Que les messages de ces lames me montrent le chemin
Afin que je puisse suivre ma voie avec sagesse au quotidien.

Mélangez maintenant les lames restantes et demandez quelle leçon vous devez tirer de chaque élément. Distribuez une nouvelle lame du tarot à côté de chacune des lames des éléments.

- La lame de la terre (Pentacles) vous montre ce dont vous avez besoin pour être terre-à-terre, forte et prospère.
- La lame de l'air (Épées) illustre ce dont vous avez besoin pour le savoir et une communication claire.
- La lame du feu (Bâtons) annonce ce qui est nécessaire pour la réussite, le courage et la passion.
- La lame de l'eau (Coupes) vous chuchote ce qui est nécessaire pour entraîner émotions et guérison.

Variations magyques : Si vous le désirez, vous pouvez ajouter la lame du Magicien au centre du cercle d'as. Visuellement, elle améliorera la concentration et le pouvoir du tirage. Rappelez-vous, le Magicien possède l'ensemble des quatre symboles des arcanes mineurs sur son autel. Cette lame majeure est la représentation parfaite d'une personne qui œuvre harmonieusement avec les pouvoirs des quatre éléments, et sagement avec la nature.

Si vous décidez d'ajouter l'imagerie de l'archétype du Magicien au tirage des quatre éléments, insérez ces lignes à la fin du charme précédent comme formule de clôture :

Ce qui est en haut est maintenant comme ce qui est en bas,
Autour du Magicien les réponses fuseront.

Le tirage de la Roue de l'année

Puissent la paix et la sécurité vous bénir pendant les quatre saisons.

PROVERBE CHINOIS

Pour ce tirage, vous retirerez la lame de la Roue de l'année du tarot. Utilisez-la comme significateur et placez-la au centre. Mélangez les lames de tarot restantes, et ensuite, dans le sens des aiguilles d'une montre, placez huit lames autour du significateur central.

Prenez un moment pour vous canaliser, vous concentrer, et réfléchir sur le pouvoir et les mystères de chacun des huit sabbats. Pour vous aider à vous concentrer et à interpréter le tirage, répétez ce charme :

Le tirage de la Roue de l'année a de la sagesse véritable à partager,
Éclaire-moi tandis que je cherche à essayer et à oser.
Huit lames, une pour chaque jour sacré de l'année pour les sorcières,
Montre-moi la bonne façon de voyager afin que mon chemin soit clair.

Le choix de l'ordre des huit lames tirées autour du significateur vous revient. Toutefois, dans mes tirages, la lame du dessus représente souvent le prochain sabbat de l'année. Autrement dit, si vous effectuez ce tirage à la fin du mois de juillet, le prochain sabbat est alors Lugnasad, donc Lugnasad serait la première lame au-dessus du cercle. En allant dans le sens des aiguilles d'une montre, la lame à sa droite serait la lame d'équinoxe d'automne ; ensuite, toujours dans le même sens, les lames suivantes représenteraient les leçons de Samain, Yule, Imbolc, l'équinoxe de printemps, Beltane et le solstice d'été.

La magye avec le *Tarot des sorcières*

La magie existe, mais c'est à vous d'être le magicien.
Vous devez faire de la magie une réalité.

Sidney Sheldon

Je vous encourage chaudement à utiliser les lames du *Tarot des sorcières* dans votre pratique de sorcellerie. Les lames de tarot constituent de merveilleux instruments pour lancer des sortilèges, dans la mesure où elles peuvent devenir d'habiles et ingénieux guides visuels. En plus de vous fournir quelque chose de magyque et d'attirant sur lequel vous concentrer, cette pratique vous aidera à construire une relation avec les lames mêmes. Les lames du *Tarot des sorcières* constituent de formidables accessoires lors de rituels, et — mieux encore — vous en avez 78 à votre disposition pour exercer votre sorcellerie !

J'ai récemment dispensé un cours sur les quatre éléments et le pouvoir personnel. J'avais installé un bel autel élémentaire de telle sorte que les élèves le voient à leur arrivée. Des fleurs fraîchement cueillies dans mon jardin étaient dispersées sur l'autel, et chaque coin de la table était dédié à l'un des quatre éléments. Il y avait des cristaux pour la terre, des coquillages pour l'eau, des plumes pour l'air et une bougie rouge à la cannelle pour le feu. Mes étudiants ont été surpris de voir que j'avais également intégré l'as de chaque enseigne du tarot à l'endroit approprié de l'autel. Je leur en ai expliqué le symbolisme, puis j'ai regardé les rouages de leurs cerveaux se mettre en marche avec un grand sourire… Comme les quatre as personnifient la qualité élémentaire de base de leur famille, ils constituent en fait de merveilleuses représentations élémentaires pendant la magye. Faites un essai une fois. Soyez créative ; regardez ce que vous parvenez à faire apparaître !

Vous pouvez décider d'ajouter des bougies ou d'autres accessoires à ces sortilèges de tarot. J'ai préservé le caractère basique de ces sortilèges, laissant une bonne marge pour la personnalisation. Comme je l'ai déjà dit de nombreuses, très nombreuses fois, personnaliser les sortilèges — ajouter un peu de vous dans le rituel — rend votre sorcellerie unique, et de ce fait, plus puissante.

Les figures pour la magye personnelle et la méditation

Pour changer un peu, pensez à utiliser vos lames du *Tarot des sorcières* comme points de référence dans votre méditation et votre magye personnelle ; par exemple, si vous vous lanciez dans un nouveau projet et que vous aviez besoin d'inspiration, ou si vous aviez besoin d'aide pour respecter une date limite imminente. Si un accès d'enthousiasme et une énergie soudaine pour ce projet seraient vraiment les bienvenus, il n'y a pas mieux que d'œuvrer avec les valets.

Faire appel aux valets pour trouver l'inspiration et de l'enthousiasme

Pour commencer, placez les valets dans chaque coin de la façon suivante : le Valet de Pentacle au nord, le Valet d'Épée à l'est, le Valet de Bâton au sud et le Valet de Coupe à l'ouest. Vous pouvez former un cercle ou non ; dans les deux cas, cercle ou pas, cela fonctionnera très bien. Tenez-vous ensuite au milieu des lames et dites :

Que l'enthousiasme des valets m'entoure en cette journée,
Que leur sens de l'aventure me bénisse,
adviendra ce qu'il doit arriver,
Par les quatre enseignes des Pentacles, des Bâtons,
des Coupes et des Épées,
Puisse ce cercle de magye m'entourer et m'animer !

Maintenant, asseyez-vous ; restez dans le cercle et méditez. Si vous voulez, vous pouvez retourner et regarder les lames, les prendre et les observer attentivement. Étudiez chacun des valets et voyez quel genre d'inspiration vous envahit. Lorsque vous aurez terminé de faire le tour des quatre valets et de réfléchir à leur sujet, canalisez-vous et concentrez-vous, puis concluez le sortilège par les vers suivants :

Pour le bien de tout un chacun, sans nuire à aucun,
Par la magye du tarot, ce sortilège est clos !

Si vous aviez formé un cercle, ouvrez-le maintenant. Remettez les lames dans votre paquet et commencez à travailler sur ce projet ! Vous verrez que l'enthousiasme des quatre valets est des plus inspirants. (J'avais du mal à suivre leur rythme quand je terminais ce livre !)

Autres options pour lancer des sortilèges avec les figures

Pensez à œuvrer avec les quatre rois pour une magye puissante et sage, quand obtenir un peu de sagesse supplémentaire ou réaffirmer votre intégrité ne vous ferait pas de mal. Les quatre dames sont merveilleuses pour la magye de type affectif, créatif et compatissant. De même, les quatre cavaliers sont impressionnants lorsqu'il s'agit de gérer les défis, le changement et le mouvement. Il vous suffit de suivre la configuration de base du sortilège.

Voici les couplets du sortilège pour œuvrer avec les quatre rois, les quatre dames et les quatre cavaliers. Pour commencer, placez la figure adéquate dans chaque coin de la façon suivante : la figure de Pentacle au nord, celle d'Épée à l'est, la figure de Bâton au sud et celle de Coupe à l'ouest. Vous pouvez former un cercle ou non ; dans les deux cas, cercle ou pas, cela fonctionnera très bien. Tenez-vous ensuite au milieu des quatre lames et répétez le couplet adéquat.

Couplet des rois

Aujourd'hui, par l'autorité des quatre rois je serai inspirée,
Que la sagesse et l'intégrité me bénissent toute la journée.
Par les quatre enseignes des Pentacles,
des Bâtons, des Coupes et des Épées,
Puisse ce cercle magyque m'entourer et me soulever !

Couplet des dames

Que la tendre inspiration des dames m'entoure en cette journée,
Que leur force et leur compassion me bénissent, adviendra
ce qu'il doit arriver.

Par les quatre enseignes des Pentacles,
des Bâtons, des Coupes et des Épées,
Puisse ce cercle magyque m'entourer et me soulever !

Couplet des cavaliers

Aujourd'hui, l'action et le courage des cavaliers
me feront avancer,
Et les défis sur ma route je surmonterai.
Par les quatre enseignes des Pentacles, des Bâtons,
des Coupes et des Épées,
Puisse ce cercle magyque m'entourer et me soulever !

Une fois que le couplet choisi est prononcé, asseyez-vous. Restez dans le cercle et méditez. Si vous le désirez, vous pouvez retourner et regarder les lames, les prendre et les regarder de plus près. Étudiez chacune des dames ou chacun des cavaliers à tour de rôle et voyez quel genre d'inspiration vous envahit. Lorsque vous aurez terminé de faire le tour des quatre lames et de réfléchir à leur sujet, canalisez-vous et concentrez-vous. Concluez ensuite le sortilège par les vers suivants :

Pour le bien de tout un chacun, sans nuire à aucun,
Par la magye du tarot, ce sortilège est clos !

Si vous aviez formé un cercle, ouvrez-le maintenant. Remettez les lames dans votre paquet.

Tarot et sorcellerie

Dans ces sortilèges, je dresse la liste des lames de tarot avec leurs mots-clés afin que vous puissiez voir de quelle manière elles sont liées et pourquoi elles ont été choisies pour tel ou tel sortilège. J'ai également suggéré une couleur de bougie, un cristal et un type d'herbe assortis ; un simple petit brin d'herbe fera l'affaire. Ajoutez cet attirail à n'importe quel sortilège de tarot pour donner un peu plus de vigueur à votre sorcellerie !

Indications de base

Pour tous les sortilèges de tarot suivants, étalez les lames selon l'ordre de leur énumération. Si vous le décidez, vous pouvez ajouter la bougie colorée, le cristal et l'herbe suggérés. Disposez les lames, allumez la bougie et répétez le couplet du sortilège.

Laissez les lames, le cristal et les herbes en place aussi longtemps que la bougie brûle. (Assurez-vous de garder un œil sur cette bougie à sortilège !) Ensuite, quand la bougie est consumée, remettez les lames dans le paquet et mettez le cristal dans votre poche. Si vous aviez ajouté un brin d'herbe au sortilège, vous pouvez le garder avec vous ou le rendre soigneusement à la nature. Soyez bénie.

Sortilège de tarot pour améliorer l'étude de la magye ou du tarot

Le Magicien : Ce qui est en haut est comme ce qui est en bas. Habileté, détermination, connexion, assurance. Volonté. Exercer la magye avec les quatre éléments et les esprits élémentaires. Le principe hermétique de correspondance. Magye élémentaire et pouvoir personnel.

Trois de Pentacle : Travail acharné, emploi, progrès. Réussite à force de dévouement. Utilisation créative de vos talents. Apprentissage et accomplissement magyques.

Huit de Pentacle : Assiduité, savoir-faire, souci du détail. Étude et pratique des arts magyques. Travail en cours, un projet qui est sur le point de s'achever avec succès.

Accessoires suggérés : Couleur de bougie : jaune, pour les connaissances. Cristal : le quartz, pour accroître le pouvoir personnel. Herbe : la sauge, pour la sagesse.

Couplet du sortilège :

Le Magicien nous dit « ce qui est en
haut est comme ce qui est en bas »,
Tandis que l'apprenti travaille dur à la lueur d'une bougie,
La sorcière fait preuve de concentration
comme elle atteintses rêves de magye,
Combine ces trois leçons, et la réussite mon thème sera,
Pour le bien de tout un chacun, sans nuire à aucun,
Par la magye du tarot, ce sortilège est clos !

Sortilège de tarot pour créer un cercle ou un coven fort, uni

Neuf de Coupe : Hospitalité, communauté, bienveillance. Rassemblements, festivités. Un souhait sera exaucé. Des célébrations agréables avec la famille, le coven et les amis.

Trois de Coupe : Un heureux événement. Un rassemblement d'amis, de membres de la famille ou du coven pour célébrer. La puissance du trois et la magye de la manifestation. Observation des sabbats, partage d'expériences. Progression en magye, développement psychique, les liens d'une amitié magyque saine. Croissance, réussite, créativité.

Quatre de Bâton : Célébration, se réjouir à propos d'un heureux événement. Liberté, fêtes, fêtes en l'honneur d'une naissance prochaine ou d'une future mariée, célébrations de sabbat. Fertilité, créativité, liberté d'expression.

Accessoires suggérés : Couleur de bougie : argentée, pour la Déesse. Cristal : la pierre de lune, pour créer un lien affectif. Herbe : des roses roses, pour l'amitié.

Couplet de sortilège :

Le Neuf de Coupe représente la communauté et les célébrations,
Le Trois de Coupe trinque à la solidarité féminine
lors d'une libation printanière.
Le Quatre de Bâton évoque la joie et les éléments, tout un chacun.
Notre coven est uni au printemps, en été, en automne et en hiver.
Pour le bien de tout un chacun, sans nuire à aucun,
Par la magye du tarot, ce sortilège est clos !

Sortilège de tarot pour l'abondance

As de Pentacle : Richesse, abondance, santé, bonheur, sécurité, bonne fortune. Amour de la nature, magye verte et phytothérapie. Magye manifestée dans le monde physique. L'élément de la terre.

Roi de Pentacle : Un homme né sous un signe de terre. Détermination, travail acharné, richesse, sécurité, réussite, responsabilité. Un artiste talentueux. Protecteur de la famille. Une personne mature sur laquelle on peut vraiment compter dans les situations difficiles.

Six de Bâton : Victoire, exploit. Reconnaissance pour un travail bien fait. Compliments et réussite. Accomplissement après avoir durement travaillé.

Accessoires suggérés : Couleur de bougie : verte, pour la prospérité. Cristal : l'aventurine, pour la chance. Herbe : du chèvrefeuille, pour l'abondance et la richesse.

Couplet de sortilège :

Dans un plant de chèvrefeuille l'As de Pentacle est logé,
Le Roi de Pentacle complète ce sortilège par la réussite qui rayonne.
Le Six de Bâton signifie la victoire ; mes objectifs
certainement j'atteindrai,
En cette magye je crois, maintenant que ces énergies tourbillonnent !
Pour le bien de tout un chacun, sans nuire à aucun,
Par la magye du tarot, ce sortilège est clos !

Sortilège de tarot pour la protection

Neuf de Bâton : Force intérieure, courage, protection. Soyez consciente des ennuis. Protégez-vous vous-même et votre réputation. Restez forte, sur vos gardes. Il peut s'avérer nécessaire d'exercer de la magye de protection.

La Lune : L'aspect vieille femme de la Déesse. Magye de la lune décroissante. Magye protectrice. Ne pas se laisser abuser par ce que d'autres dissimuleraient. Intuition et développement des pouvoirs psychiques. Sagesse acquise au fil des années d'expériences de vie.

Le Chariot : Volonté, ambition, concentration, dynamisme. Aptitudes au commandement. Puisez dans votre pouvoir personnel pour voir votre magye devenir manifeste.

Surmontez l'adversité et tous les obstacles sur votre route. Ne baissez pas les bras ; accrochez-vous !

Accessoires suggérés : Couleur de bougie : noire, pour chasser la négativité. Cristal : la tourmaline noire, pour la protection. Herbe : fleur d'hortensia, pour rompre la malédiction.

Couplet de sortilège :

Je suis prête à me défendre avec dignité et grâce,
J'en appelle à la protection de la Triple Déesse, Hécate.
Le Chariot m'aide à surmonter les obstacles sur ma route,
Cette véritable magye m'encercle maintenant
et perdure jour et nuit.
Pour le bien de tout un chacun, sans nuire à aucun,
Par la magye du tarot, ce sortilège est clos !

Sortilège de tarot pour attirer l'amour

Le Fou : Marcher vers son bonheur. Aventure, nouveaux départs, exploration, un voyage. Nouvelles idées ; tentez votre chance et poursuivez vos rêves. Le début d'une quête spirituelle ; exploration d'une nouvelle voie ou une nouvelle tradition spirituelle. Un acte de foi.

Deux de Coupe : Histoire d'amour. Un engagement, une union des mains, un mariage ou une réconciliation. Un partenariat. Égalité et grand amour.

Les Amoureux : Amour sexuel, beauté, relation amoureuse. Décisions, engagement. Choix à faire. Le choix que vous faites maintenant aura une incidence sur votre avenir. L'amour guérit.

Accessoires suggérés : Couleur de bougie : rose vif, pour l'amusement et l'affection. Cristal : le quartz rose, pour les émotions tendres, amoureuses. Herbe : rose rouge, la fleur de l'amour et de la passion.

Couplet de sortilège :

Le Fou nous encourage à rêver grand et à tenter notre chance,
Tandis que le Deux de Coupe nous murmure
que l'amour est sa propre danse.
La lame des Amoureux nous rappelle que notre destinée
est façonnée par nos choix,
Puissé-je trouver quelqu'un qui se montrera tendre et bon avec moi.
Pour le bien de tout un chacun, sans nuire à aucun,
Par la magye du tarot, ce sortilège est clos !

Sortilège de tarot pour soigner un cœur brisé

Trois d'Épée : Retard, trahison personnelle, perte. Une période de drame et de larmes. Tristesse, conflit. Un sort qui s'est retourné contre soi.

Le Pendu : Initiation, phase de transition de la vie. Détendez-vous et laissez les changements se produire. Nouvelle attitude envers la vie, magye runique, adoption d'un nouveau point de vue sur la situation actuelle.

L'Étoile : Guérison, inspiration, intuition, renouveau. Espoir, paix, vœux réalisés. Magye astrologique. Sagesse. Créativité féconde.

Accessoires suggérés : Couleur de bougie : rose clair, pour le bonheur et l'amour-propre. Cristal : l'héliotrope, pour la guérison. Herbe : l'œillet rouge, pour redonner de l'énergie et favoriser la guérison.

Couplet de sortilège :

Le Trois d'Épée montre que, malgré mon cœur brisé,
ma guérison doit commencer,
Pendant cette transition la sagesse du Pendu je comprendrai.
Ma guérison commence aujourd'hui ; les sentiments négatifs,
je les libère désormais.
La lame de l'Étoile me confère espoir, renaissance, guérison
émotionnelle et paix.
Pour le bien de tout un chacun, sans nuire à aucun,
Par la magye du tarot, ce sortilège est clos !

Sortilège de tarot pour le foyer

L'Impératrice : L'aspect mère de la Déesse. Donner le jour à de nouvelles idées. Pouvoir féminin, amour, sexualité, maternité. Fertilité, naissance, créativité. Foyer ; protéger l'amour dans votre vie, magye de la pleine lune. La force de la nature.

Dame de Pentacle : Une femme née sous un signe de terre. Une femme au foyer dans le meilleur sens du terme. Épanouissement affectif. Hôtesse généreuse, amie loyale, amoureuse de la nature, mère nourricière, épouse et partenaire dévouée. Foyer. Maternité.

Dix de Coupe : Amour, imagination, épanouissement. Joie, bonne humeur, famille heureuse. Bonne vie de famille, bien-être et joie. Amitié, coven heureux ; faire partie de la communauté magyque.

Accessoires suggérés : Couleur de bougie : brune, pour ses qualités de base, fondamentales et accueillantes. Pierre : la pierre trouée, excellente pour la magye du foyer. Herbe : la cannelle, pour l'énergie et la protection.

Couplet de sortilège :

D'amour, de magye et de paix l'Impératrice entourera mon foyer,
Tandis que la Dame de Pentacle mettra le confort à ma portée.
Le Dix de Coupe est source d'épanouissement
et d'une heureuse famille,
Sous l'effet du charme et de la joie de cette sorcellerie
de tarot mon foyer scintille.
Pour le bien de tout un chacun, sans nuire à aucun,
Par la magye du tarot, ce sortilège est clos !

Que votre sorcellerie et vos tirages de tarot soient joyeusement bénis !

Note finale : Si vous avez apprécié cette section sur les sortilèges du *Tarot des sorcières*, vous trouverez une dizaine d'autres sortilèges de tarot enchanteurs dans le *Book of Witchery*, l'un de mes livres publiés précédemment.

Annexe I

Significations des lames numérales et des figures des arcanes mineurs

Quand Un fit l'amour avec Zéro,
les sphères embrassèrent les tores
et les nombres premiers s'avancèrent.

Raymond Queneau

As : Qualité élémentaire de base. Représente le commencement des choses, de nouvelles idées, des projets ou la naissance.

Deux : La relation entre deux personnes ou deux principes. Réflexion, harmonie et équilibre.

Trois : Pleine expression de l'élément. Amour, espérance. Le concept de création, divinité et destin.

Quatre : Stabilité, fondations solides, structure et ordre. Le Quatre de Bâton et le Quatre d'Épée apaisent et calment, tandis que le Quatre de Coupe et le Quatre de Pentacle montrent la stagnation et la restriction.

Cinq : Perte, conflit, regret et problèmes. Crise ; créer des défis ; disputes, occasion d'apprendre quelque chose de nouveau.

Six : Équilibre, harmonie, amour, bienfaisance, actions passées, communication, réunion, accomplissement.

Sept : Savoir-faire, victoire, chance, audace, impatience, sagesse, mystère. Dons magyques associés à chaque famille.

Huit : Enthousiasme, inspiration, régénération, réussite, justice, réévaluation, nouvelle direction. Développement ou croissance à venir.

Neuf : Limites, barrières, mélancolie. Presque terminé. Obtenir des résultats et apprendre des expériences passées. Trois fois trois. Satisfaction, contentement sur le plan affectif.

Dix : Nouvelle phase de développement. Achèvement, héritage, karma. Le besoin de franchir des limites.

Valet : Enfants et adolescents, étudiants, messagers. Potentiel non exploité, prise de risque, curiosité, espoir, exploration, étude de questions pratiques.

Cavalier : Aventure, mouvement, progrès, action, responsabilité envers d'autres.

Dame : Amour et soins maternels, créativité, affection, compassion, gentillesse, inspiration. Signification magyque profonde de l'enseigne.

Roi : Figure paternelle, professeur, mentor, meneur. Autorité, responsabilité, pouvoir, réussite. Politique, fierté, entêtement, arrogance.

Annexe II

Symboles sur les lames de tarot

La nature est un temple où de vivants piliers laissent parfois sortir de confuses paroles. L'homme y passe à travers des forêts de symboles qui l'observent avec des regards familiers.

Charles Baudelaire

Adolescents ou jeunes adultes : Un jeune adulte ou un adolescent représenté sur une lame de tarot symbolise les possibilités et la découverte, et ils marquent le début d'une quête de savoir sur le monde magyque et sur eux-mêmes. Dans ce tarot, les adolescents ou les jeunes adultes sont présentés comme des valets. Les éléments masculins de l'air (enseigne des Épées) et du feu (enseigne des Bâtons) comprennent tous les deux des valets de sexe masculin, tandis que les enseignes des Coupes et des Pentacles (respectivement l'eau et la terre) sont illustrées de valets de sexe féminin. Ces jeunes gens sont visibles sur les lames suivantes : le Fou, le Valet de Coupe, le Valet d'Épée, le Valet de Bâton, le Valet de Pentacle, le Deux et le Trois de Pentacle.

Arc-en-ciel : Un symbole classique d'espoir, de messages, de miracles et de magye. Un arc-en-ciel est visible sur la Tempérance, le Dix et le Sept de Coupe.

Armure et cotte de mailles : Il s'agit d'une forme de défense ; elles symbolisent la protection et la force. Elles sont visibles sur les lames de l'Empereur, du Chariot, de la Mort, du Cavalier de Coupe, du Cavalier d'Épée, du Cavalier de Bâton, du Roi d'Épée, du Six de Bâton, du Cavalier et du Roi de Pentacle.

Baguette : La baguette est un instrument de magicien utilisé pour diriger et concentrer le pouvoir personnel. Une baguette est visible sur le Magicien et le Chariot.

Banc : Le banc illustre la neutralité et indique qu'il est temps de s'asseoir et de réfléchir longuement sur les choses. Un banc est visible sur les lames du Grand Prêtre, de la Justice et du Deux d'Épée.

Bandeaux : Il est possible de définir les bandeaux de deux façons dans le *Tarot des sorcières*. L'une, visible sur le Huit d'Épée, montre que la femme se sent coincée, tel un otage. Son bandeau la désoriente et l'empêche de prendre conscience de ce qui l'entoure. Ensuite, nous avons l'extrémité opposée du spectre : le Deux d'Épée. Ce bandeau prévient la distraction et aide la femme à regarder à l'intérieur d'elle-même. Ses autres sens sont ainsi accrus ; que peuvent-ils lui apprendre ?

Bâton : Le bâton est un type de sceptre plus réaliste. Il est souvent utilisé par un homme sage ou comme instrument par le voyageur. Un bâton est visible sur le Fou, le Grand Prêtre et l'Hermite.

Bâton d'aubépine : Dans ce tarot, le bâton représenté dans l'enseigne des Bâtons est une branche d'aubépine en fleur. L'aubépine est associée à l'élément du feu ; aussi, l'aubépine est un arbre de pouvoir magyque et de folklore. En magye, les fleurs d'aubépine sont aussi bien utilisées dans les sortilèges de protection que ceux de fertilité. L'aubépine est visible sur le Magicien, la Roue de l'année et sur chaque lame de l'enseigne des Bâtons.

Blason : Un blason est visible sur plusieurs lames du tarot du *Tarot des sorcières*. Chacun a été choisi pour son association élémentaire et son symbolisme magyque. (Voir aux entrées respectives pour une liste des lames sur lesquelles ils apparaissent). Les dragons (feu) signifient la protection, le courage et un gardien de trésor. Les buses (air) dénotent l'excitation, l'impatience et les sensations fortes procurées par la poursuite. Les lions (feu) indiquent la bravoure, le courage et la force. Les sirènes (eau) symbolisent l'éloquence, la loyauté et la vérité. Les cerfs (terre) signifient la stratégie, la paix et l'harmonie.

Bouclier : Le bouclier est un outil de protection et était utilisé comme une sorte de déclaration au reste du monde, en fonction des dessins peints dessus. Le bouclier est présent sur les lames de l'Impératrice, du Cavalier d'Épée et du Cavalier de Pentacle.

Cascades : Les cascades signifient le flux actif et vigoureux des émotions et le torrent du subconscient — idées et émotions qui se répandent et changent. Elles sont visibles sur l'Impératrice, le Trois et le Quatre de Coupe.

Cerf : Le cerf est associé à l'élément de la terre. Traditionnellement, il symbolise la fierté, l'élégance et l'intégrité. Un cerf est visible sur les lames du Monde et du Cavalier de Pentacle, tandis que la biche blanche apparaît sur le Valet de Pentacle. La biche blanche est un symbole de magye, de miracles et du royaume des fées. Le cerf est également visible sur le blason du Cavalier et du Roi de Pentacle.

Chat : Le félin est associé à l'élément du feu et symbolise la perception, les pouvoirs psychiques, le mystère et la sorcellerie. Les chats domestiques, dans leurs nombreuses et merveilleuses variétés, sont les compagnons classiques de la sorcière. Les chats nous honorent de leur présence sur les lames suivantes : la Grande Prêtresse, le Sept de Coupe, le Deux, le Quatre, le Valet et la Dame de Bâton et le Trois de Pentacle.

Château : Des châteaux sont souvent visibles à l'arrière-plan des lames. Ils représentent la récompense qui vous attend à la fin de votre quête de savoir et d'avancement. Un château est visible sur la lame de la Mort, le Quatre et le Huit d'Épée, l'As, le Quatre et le Dix de Bâton, le Sept et le Cavalier de Coupe et le Roi de Pentacle.

Chevaux : Mouvement et force, aussi associés aux quatre éléments de la terre, l'air, le feu et l'eau. Un symbole divin du Dieu et de la Déesse. Ils sont visibles sur le Chariot, la Mort, le Soleil, le Cavalier de Coupe, le Cavalier d'Épée, le Six et le Cavalier de Bâton et le Cavalier de Pentacle.

Chien : Le chien est une représentation traditionnelle de l'élément de la terre. Les chiens symbolisent la loyauté et la compagnie. Ils apportent leur soutien aux lames suivantes : le Fou, le Dix et la Dame de Pentacle.

Clés : Les clés sont un symbole mystique de la connaissance et représentent souvent les mystères de l'Art. Elles sont visibles sur les lames du Grand Prêtre et de la Lune.

Colonnes : Les colonnes représentent l'équilibre. Des colonnes sont comprises dans l'imagerie classique du tarot pour illustrer le fait que le personnage sur la lame est neutre ou a adopté une attitude impartiale. Elles sont visibles sur la Grande Prêtresse, le Grand Prêtre et la Justice.

Corneille et corbeau : Mystère, magye et intelligence. L'allié animal de la voyante. Le corbeau/corneille embellit les lames suivantes : le Pendu et le Huit de Pentacle.

Crânes : Les crânes symbolisent la promesse de nouvelle vie, de changement et de transition. Le crâne est considéré comme le siège de l'inspiration et de l'intelligence. Un crâne est visible sur la Mort, la Lune et le Huit de Pentacle.

Dragon : En tant que créatures de l'élément du feu, les dragons représentent les aînés des différents types de magye et de la passion. Des dragons sont visibles sur le Sept de Coupe et le Cinq de Bâton, ainsi que sur le blason du Six et du Neuf de Bâton.

Enfants : Les enfants sur les lames de tarot représentent généralement les émotions suivantes : aventure, jeunesse, énergie, enthousiasme, joie de vivre, héritage et tradition. Des enfants sont visibles sur les lames du Fou, de l'Empereur, de la Mort, du Soleil, du Quatre, du Six et du Dix de Coupe, et du Six et du Dix de Pentacle.

Étoile : Les étoiles indiquent l'espoir, la destinée, l'illumination et les influences astrologiques. Elles sont visibles sur la Grande Prêtresse, l'Impératrice, le Chariot, l'Hermite, l'Étoile et le Huit de Coupe.

Falaises : Elles symbolisent le fait d'être au bord du danger et de l'inconnu. Elles sont visibles sur les lames du Fou, de l'Hermite, de la Tour, du Karma, du Huit de Coupe et du Sept de Bâton.

Faucons et buses : Ces oiseaux symbolisent des messages spirituels. Ils sont visibles sur l'As et le Roi d'Épée, et le Neuf de Pentacle. Ils composent le blason du Valet et du Cavalier d'Épée.

Fées : Les fées sont associées au royaume élémentaire de l'air et à l'enseigne des Épées. Elles représentent une connexion profonde avec la magye du monde naturel. Des fées sont visibles sur les lames du Magicien, du Deux, du Trois, du Cinq et de la Dame d'Épée.

Fleuves et rivières : Les fleuves sont considérés comme la force motrice de la vie. Ils témoignent de voyages et d'occasions ; aussi, ils représentent les émotions débordantes et le courant de conscience. Les rivières sont une version plus douce de la signification du fleuve. Des fleuves et des rivières sont visibles sur l'Impératrice, le Quatre, le Six, le Dix et le Cavalier de Coupe, le Huit d'Épée, l'As de Bâton et le Cavalier de Pentacle.

Globes ou orbes : Ils représentent le pouvoir sur les affaires et problèmes ordinaires. Ils sont visibles sur les lames suivantes : l'Empereur et le Deux de Bâton.

Jardins : Des jardins sont généralement présents à l'arrière-plan d'une scène. Ce sont des endroits magyques qui représentent votre position sur votre voie spirituelle actuelle. Des jardins sont illustrés sur les lames des Amoureux, du Trois de Coupe, du Neuf, du Dix et du Valet de Pentacle.

Lacs, mares et étangs : L'eau tranquille d'un lac, d'une mare ou d'un étang réfléchit la lumière du soleil, de la lune, ou nos pensées. Ils sont visibles sur de nombreuses lames, dont la Tempérance, l'Étoile, l'As et le Deux de Coupe, le Deux et le Six d'Épée, le Huit et le Cavalier de Bâton.

Lemniscate : C'est le symbole de l'infini, qui illustre le cycle naturel de l'énergie. L'énergie est toujours en mouvement et toujours constante. La lemniscate est visible sur le Magicien, la Force et le Deux de Pentacle.

Libellules : En tant que créatures de l'élément de l'air, elles symbolisent l'illusion. Elles sont visibles sur le Cinq et le Six d'Épée.

Lion : Force, loyauté, courage et retenue. Le lion est visible sur les lames de la Force et du Monde et est représenté sur le blason du Cavalier et du Roi de Bâton.

Loup : Un loup signifie un éclaireur, un meneur, un guide et un professeur. Des loups sont visibles sur la lame de la Lune.

Lune : Elle représente le pouvoir psychique, l'énergie féminine, le mystère, la magye et l'intuition. Elle est visible sur la Grande Prêtresse, le Grand Prêtre, le Chariot, la Lune, le Karma, le Huit de Coupe, le Deux et le Neuf d'Épée.

Maison : Le foyer est là où le cœur se trouve, et lorsque des maisons — de la maison de campagne à l'imposante maison à tourelles — sont représentées sur des lames de tarot, elles sont un symbole de la magye de la famille, de la sécurité et du foyer. Des maisons sont visibles sur le Six et le Dix de Coupe, le Quatre et le Dix de Pentacle.

Montagnes : Les montagnes indiquent que nous devons travailler pour atteindre nos objectifs et représentent le triomphe, les défis et l'endurance. Elles sont visibles sur un grand nombre de lames.

Navires : Les navires représentent le voyage et les pensées. Ils sont visibles sur le Deux et le Trois de Bâton, le Six d'Épée et le Deux de Pentacle.

Neige : La neige peut indiquer l'isolation ou le fait d'être frais, propre et nouveau. Elle est visible sur l'Hermite et le Cinq de Pentacle.

Océan et mers : Ils représentent les possibilités illimitées, les grandes profondeurs de la sagesse, le mystère, quelque chose de plus grand et plus puissant que nous. L'océan et les mers sont visibles sur le Cinq, le Huit, le Valet, la Dame et le Roi de Coupe, ainsi que le Trois de Bâton et le Deux de Pentacle.

Oiseaux : Pensées supérieures et messages spirituels. Ils sont visibles sur les lames du Pendu, de l'Étoile, du Monde, de la Dame de Coupe, du Dix et de la Dame d'Épée et du Huit de Pentacle.

Papillon : Un symbole classique de transformation et de beauté. Un papillon est visible sur le Sept de Coupe et l'As de Bâton.

Pentagramme ou pentacle : L'étoile entrelacée, droite, à cinq branches représente les éléments et l'esprit. Le pentacle est souvent porté comme talisman pour la protection et comme un charme par une sorcière. Un pentagramme ou un pentacle est visible sur le Fou (sur son sac à dos), le Magicien, le Grand Prêtre, la Roue de l'année, le Pendu, la Lune, le Sept d'Épée et le Neuf de Bâton.

Poisson et dauphin : Ces créatures aquatiques symbolisent la communication, l'émotion, l'intuition et la créativité. Elles sont visibles sur le Valet, le Roi et le Huit de Coupe.

Rose : La rose est un symbole magyque d'amour, d'enchantement et d'espoir. Dans le langage des fleurs, les significations varient selon la couleur de la rose. Dans ce tarot, on voit des roses blanches, rouges, roses et jaunes. Les blanches sont pour l'amour, l'unité et la beauté ; les rouges indiquent la beauté, l'amour, l'harmonie et le charme ; les roses sont pour l'amitié, l'amour et l'affection ; les jaunes représentent l'amitié et la lumière du soleil. Les roses sont mises en évidence sur le Fou, le Magicien, les Amoureux, la Force, le Deux, le Trois et la Dame de Coupe, le Quatre de Bâton et la Dame de Pentacle.

Sceptre : En tant que baguette masculine de pouvoir surmontée d'un orbe féminin, le sceptre est un symbole de souveraineté. Un sceptre est visible sur les lames de l'Impératrice, de l'Empereur, du Roi de Coupe et du Roi de Pentacle.

Sirènes : Créatures élémentaires de l'eau. Sexualité, intrigue et envie. Elles sont visibles sur le Quatre, le Cinq et le Sept de Coupe. Les sirènes sont également représentées sur le blason du Cavalier et du Roi de Coupe.

Soleil : Il est le côté masculin de la divinité. Magye solaire, force, lumière et pouvoir. Il est visible sur le Grand Prêtre, les Amoureux, le Soleil, le Karma et le Neuf de Bâton.

Tournesol : Le tournesol est une fleur du soleil et l'élément du feu qui symbolise la réussite, la gloire et les richesses. Présent sur le Soleil, le Valet et la Dame de Bâton.

Triple Lune : La Triple Déesse, symbole classique des sorcières, ou encore la jeune vierge, la mère et la vieille femme. Elle est visible sur la Grande Prêtresse et au dos de chaque lame du *Tarot des sorcières.*

Trône : Le trône symbolise la souveraineté et le pouvoir. Un trône est visible sur la Grande Prêtresse, l'Impératrice, l'Empereur, la Dame et le Roi de Coupe, la Dame et le Roi d'Épée, la Dame et le Roi de Bâton, et la Dame et le Roi de Pentacle.

Tulipes : La tulipe est utilisée en magye de prospérité et correspond à l'élément de la terre. Dans le langage des fleurs, les tulipes symbolisent la royauté et témoignent l'amour. Des tulipes sont visibles sur l'Empereur, les Amoureux et la Dame de Pentacle.

Vagues : Les vagues représentent la circulation de l'émotion. Elles sont visibles sur le Valet, le Trois, le Cinq, la Dame et le Roi de Coupe.

Vitrail : Le vitrail représente l'alchimie de perception. Un vitrail est visible sur le Trois de Pentacle.

Bibliographie

Un bon livre devrait vous laisser légèrement épuisé à la fin.
Vous vivez plusieurs vies à sa lecture.

William Styrom

ALMOND, Jocelyn et Keith SEDDON. *Understanding Tarot*, Londres, Angleterre, Aquarian Press, 1991.

AMBERSTONE, Ruth Ann et Wald AMBERSTONE. *The Secret Language of Tarot*, San Francisco, Californie, Weiser Books, 2008.

ANDREWS, Ted. *Le Langage secret des animaux,* Paris, Éditions Dervy, 2017.

CARR-GOMM, Phillip et Stephanie CARR-GOMM. *L'Oracle des druides*, Paris, Guy Trédaniel Éditeur, 2006.

CUNNINGHAM, Scott. *Encyclopédie des plantes magiques*, Escalquens, Éditions Trajectoire, 2018.

DUGAN, Ellen. *Book of Witchery*, Woodbury, Minnesota, Llewellyn Worldwide, 2009.

______. *Les Merveilleux Pouvoirs des chats*, Rayol-Canadel, Éditions Alliance Magique, 2018.

______. *Garden Witchery*, St. Paul, Minnesota, Llewellyn Worldwide, 2003.

______. *Garden Witch's Herbal*, Woodbury, Minnesota, Llewellyn Worldwide, 2009.

FENTON-SMITH, Paul. *Tarot Masterclass*, Nouvelle-Galles-du-Sud, Australie, Inspired Living Publishing, 2007.

GREENAWAY, Leanna. *Simply Tarot*, New York, Sterling Publishing, 2005.

GREER, Mary K. *21 Ways to Read a Tarot Card*, Woodbury, Minnesota, Llewellyn Worldwide, 2006.

HALL, Judy. *La Bible des cristaux*, Paris, Guy Trédaniel Éditeur, 2009.

LAUFER, Geraldine Adamich. *Tussie-Mussies: The Victorian Art of Expressing Yourself in the Language of Flowers*, New York, Workman Publishing Company, 1993.

MANGIAPANE, John. *It's All in the Cards: Tarot Reading Made Easy*, New York, Sterling Publishing Company, 2004.

MOORE, Barbara. *Tarot for Beginners*, Woodbury, Minnesota, Llewellyn Worldwide, 2010.

NAHMAD, Claire. *Garden Spells*, Philadelphie, Pennsylvanie, Running Press, 1994.

POLLACK, Rachel. *La Bible du tarot*, Varennes, Éditions AdA, 2010.

______. *78 Degrees of Wisdom*, San Francisco, Weiser Books, 2007.

SKOLNICK, Solomon M. *The Language of Flowers*, White Plains, New York, Peter Pauper Press, 1995.

Remerciements

Créer un tarot est un travail de longue haleine. Il y a des hauts et des bas, des rebondissements, des intrigues et — croyez-le ou non — des moments amusants. Il n'y a rien de tel que de combiner une sorcière organisée, qui a le souci du détail, avec le génie rêveur d'un artiste. Mark, sur le plan artistique, je n'aurais pas pu espérer mieux. C'est stupéfiant et, honnêtement, je ne regarderai plus jamais les nuages de la même manière…

Merci à mon époux, Ken, et à nos enfants devenus adultes : Kraig, Kyle et Erin. Merci d'avoir posé pour les cartes avec enthousiasme (même quand je vous ai demandé de tenir des coupes en céramique, des cuillères en guise de sceptres et de remarquablement grandes paires de ciseaux en guise d'épées), et par-dessus tout, merci d'avoir montré un tel engouement à propos de ce projet et d'avoir cru en moi.

Au cours de ces deux dernières années et demie, il y a eu quelques autres âmes assez courageuses pour rester à mes côtés et ne jamais cesser de soutenir le projet. Ces personnes extraordinaires sont : Christopher, Colleen, Jenn, Joyce, Jeanne, Kina, Solstice, Tess et les dames de mon coven, merci à tous pour votre soutien et votre amitié inébranlables.

Je tiens aussi à tendrement remercier les proches et amis qui ont posé gaiement pour diverses lames de tarot : ma nièce Olivia et mes neveux Ethan, Hunter et Rylan ; mes amies Ariel, Charlynn, Dawn, Ember, Heather, Jen et Shawna.

En outre, je tiens à témoigner ma reconnaissance à ma sensationnelle éditrice, Becky Zins ; à Barbara Moore ; et au service artistique de Llewellyn. Sans oublier Elysia Gallo, pour avoir été une oreille compatissante et Cheryl York, pour m'avoir mise en relation avec les deux personnes qui ont contribué à mener ce projet à terme.

Enfin, je remercie Bill Krause et Sandra Weschcke avec gratitude, les défenseurs de ce tarot. Ils n'ont jamais abandonné le projet et ne m'ont jamais laissée baisser les bras. Merci.

À propos de l'auteure et de l'artiste

Ellen Dugan, alias la Sorcière du jardin, est une voyante qui vit dans le Missouri avec son époux et ses trois enfants. Elle exerce à titre de sorcière depuis plus de 29 ans. Ellen est l'auteure primée de plus d'une dizaine de livres et une cartomancienne hautement respectée.

Visitez son site Internet au www.ellendugan.com et son populaire blog de sorcellerie au www.ellendugan.blogspot.com.

Mark Evans (arrondissement du Queens, à New York) est un artiste primé qui a conçu des story-boards, des maquettes et des illustrations de production pour des centaines de clients dans le monde entier, dont Coca-Cola, Walt Disney et Marvel Comics. Visitez son site Internet au www.cloudmover.net.

Mark aimerait dédier l'art présent dans ce tarot à la mémoire de sa mère et de son père.